# 君、市長にならないか？

地域経営現場からの地方創生論

首藤正治

鉱脈社

# はじめに

私はこれまで、三期一二年間にわたって宮崎県延岡市長を務めてきました。そしてずいぶん早い時期ではありましたが、四期目は立候補しないと宣言しました。

一二年前に、三期までしかやらないと公言して市長選挙に立候補し当選したという経緯もあっての宣言でしたが、いざ辞めるとなると、いろいろ気がかりなことがあります。

そのひとつは、地方自治の視点において、日本の政治が十分に機能しているとは言い難いこと、そして政治家のなり手が少なくなっていることです。前回の宮崎県議会議員選挙では、延岡市選挙区が史上初の無投票になったことをはじめ、県内一四選挙区のうち実に一〇の選挙区で無投票という、民主主義の根幹が揺らぎかねない異常事態となりました。全県的あるいは全国的に、そうした傾向が強まっているのが見て取れます。

以前、NHKテレビの「若いチカラと政治」と題した特別番組で、世界各地の若者の政治参加度の違いなどをレポートしていました。スウェーデンでは二〇代の投票率が九〇パーセント近いそうですが、衝撃的だったのは、インタビューに答える若者の言葉でした。

「なぜ政治に関心を持つのかって?『かっこいい』からかな。政治について自分の考えを持っていないと馬鹿にされてしまうと思う」

　もちろん、スウェーデンの若者だけが生まれながらにそういう価値観を持っているわけはありません。番組では高等学校の運営方法なども紹介していましたが、日本の生徒会では到《とう》底《てい》議論の対象にならないような学校マネジメントの領域まで、かの国では生徒から様々な意見が出され、それが本当に学校運営に反映されるというような仕組みが根付いているのだそうです。こうしたことを含め、国や地域をあげて若者の社会参加への意識付けに取り組んできた成果が表れているということなのでしょう。

　それにしても、「政治はかっこいい」という言葉を日本の若者はどう感じるでしょうか。日本で若者たちが「政治」と聞いて頭に思い浮かべるのは、もしかしたら今年の東京都議会議員選挙で自民党惨敗のもととなったいくつかの疑惑や自民党国会議員の暴言、失言などかもしれません。豊田真由子議員の秘書への罵詈雑言《ばりぞうごん》は録音されていて、選挙直前にテレビで何度も放送されましたが、「あんなことは普通だ。男性議員ならもっと多い」と評した国会議員がいて、さらに政治家全体の印象を悪化させました。この豊田議員の不祥事から私がつい連想してしまったのは、兵庫県の号泣県議です。あの記者会見は豊田議員よりさらにインパクトのあるものでした。

　あの号泣会見を最初に目にしたときはあっけにとられましたが、別のニュースで再度見た際にはどんなお笑い芸人より面白いと思い、あまりにも繰り返し放送されるのでそのうち段々腹が立ってきて、しまいには切なくて見ていられなくなってしまいました。

こうしたことを連想すれば、若者でなくとも、決して政治が「かっこいい」なんて思いはしません。

平成二八年から選挙権年齢が一八歳以上に引き下げられました。若者に日本の将来を左右する発言権が与えられたわけですが、実際のところ、その若者が政治あるいは政治家に対して持つイメージは惨憺《さんたん》たるものです。平成二七年末に地元新聞社が行ったアンケート調査などでもそれは顕著で、結果を掲載した紙面には「政治家へ失望にじむ」「『なりたくない』六九・三パーセント」などの見出しが躍《おど》っていました。「あなたは政治家に対するあこがれがありますか?」という質問に至っては、「全くない」「あまりない」あわせて九四・四パーセントという回答です。スウェーデンの若者の「かっこいい」という言葉とのあまりにも大きな落差に悲しくなります。国や地域の将来を誰が担うというのでしょうか。

こうして政治への志を持つ人間が減り、社会はますます劣化していきます。声を大にして言いたいのですが、政治に無関心な社会は、危うい社会です。それは時には表層的なムードや雰囲気で一気に極端な世論を作り出し、ポピュリズムを生むことにもつながるのではないでしょうか。

では翻《ひるがえ》って、かく言う私が若い時はどうだったかというと、政治家になろうなんてこれっぽっちも考えていませんでした。政治そのものに関心がなかったのです。先ほどはエラそうな書き方をしたものの、実はいまの一般的な若い人たちと同じだったわけです。

ただ、小学校低学年の頃、アメリカのジョン・Ｆ・ケネディ（ＪＦＫ）大統領が暗殺され、非常にショックだったのを覚えています。七歳や八歳でＪＦＫが立派な大統領であるかどうかなどわかるはずがありませんし、その発言や政策など何も知らないのですから、もしかしたら、暗殺後のテレビや雑誌の追悼番組・追悼記事などで世の中がケネディ賛美一色になったために、世間のムードだけで「あんな素晴らしい人が殺された」と感じてしまったのかもしれません。日頃は政権批判に明け暮れるマスコミも、亡くなった政治家に対しては美化して賞賛するものです。

いずれにしても、そんなことで私がＪＦＫにかすかな憧れのようなものを持ったのは事実です。三つ子の魂百までと言いますが、それはいまでも変わりません。何年か前には、スケジュールをやりくりして五月の連休にプライベート旅行でボストンのＪＦＫ図書館・博物館に行ってきたほどです。

自分が政治家になろうとはまったく思いもしませんでしたが、それでも、私の理想の政治家像の原点はＪＦＫです。

ところで、私の父は商売の道で会社を興《おこ》した一方で、政治が好きな人でした。子供の頃の私に対して、「将来は商売の後を継がないか？　それとも政治家はどうだ？」と尋ねたことがあります。それに対して私は、（自分では覚えていませんが）「世の中で他にする仕事が何もなければしょうがないけど、そうならない限り、絶対に商売人にはならない。政治家なんて、もっといやだ」と（もちろん延岡弁で）答えたのだそうです。

そんな私がいつしか商売の道に入り、そしてやがて政治家に転身することになったのは、人生の摩訶不思議なところです。

もっとズバッと言えば、私は若い頃、（ＪＦＫは別として、特に日本の）政治家なんてたいていろくなもんじゃないと思い込んでいましたし、政治家になろうとする人間というのは、たまたまやらざるを得ない環境に置かれてしまった人か、あるいはよっぽど自己顕示欲の強い連中だと思っていました。だから政治家というのは決して魅力的な職業とは思えなかったのです。

マスメディアの刷り込みかもしれませんが、こうした思い込みを持っている人はいまも多いと感じます。

さて、私自身が市長になってあっという間の一二年でしたが、自分がこれはぜひやらねばならないと考えたテーマには夢中で取り組んできて、多くは完了させたかもしくはある程度の目処《めど》をつけたという自負はあります。以前は政治家になんか絶対ならないと言っていた私が、この市長という仕事に誇りを持って、それこそ日々やりがいを実感しながら務めてきました。責任の重い激務ではありますが、この仕事は私を成長させてもくれました。

そんな経験を経て、今は断言できます。こんな素晴らしい仕事は他にありません。

なのに、重ねて言いますが、実態として、日本の若者の多くは政治そのものに否定的か、あるいは無関心です。

今回、政治とは無縁だと思い込んでいた自分自身の経験を語ることが、若い人たちが政治（という言葉に抵抗があれば「善い社会を実現するための活動」と言ってもいい）を考えるきっかけにでもなればと考えました。この一二年間に行政、特に地方都市行政のあるべき姿について私なりにいろいろと考えてきたことを書き記し、併せて、「市長ってどんな仕事をしているんだろう」という素朴な疑問にも答えることができればとも思います。

拙文が、まっとうな政治や行政への理解を助けることになれば、そして、政治家を目指そうという若い志の芽生えにつながるような、些細なきっかけづくりにでもなれば、望外の喜びです。

目次

## 3 お金に対する感覚は？ 66

## 4 行財政改革 90



## 5 経営感覚を行政へ 108

## 6 組織風土を高める

## 7 安心して暮らせる社会にするために 155



## 8 市民協働のまちづくり 177

# 9 市長の仕事とは 200



# 10 君、市長にならないか 219

# 君、市長にならないか？

地域経営現場からの地方創生論

# 1 市長に就任して

## 半世紀ぶりの地元出身市長

平成一八年二月六日、私は第二四代延岡市長に就任した。

初登庁の際には市役所玄関前で大勢の職員が拍手で出迎えてくれて、女性職員からお祝いの花束をもらった。私は、前日まで彼らのトップだった前職市長に戦いを挑んだ人間なのだから、このような華やかな歓迎はなんとなく居心地が悪かったが、行政というのはそういう組織なのだ。

この時から、延岡市を代表する公人としての生活が始まった。

どこに行くにも公用車が目的地の玄関前につけてくれるし、建物の

初登庁

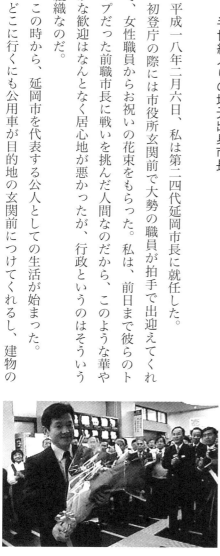

玄関のドアでも会議室のドアでも、常に誰かが先に立ってさっと自動ドアよろしく開けてくれる。「立場が変わるというのはこういうことか。これを当たり前と思うようになったら市長をやめる潮時だな」と、ふと思った記憶がある。

私が市長になるまでは公団や県などの幹部から転身した市外出身の市長が続いていたので、私は「半世紀ぶりの地元出身市長」と言われることになった。

これまで延岡市民全体に、市長というのは何か特別な経歴を持った人がなるものというような思い込みがあったようで、長いこと市内で（しかも民間企業で）暮らしてきた私が市長になったことへの戸惑いがあったのかもしれない。その証拠に、就任以降、一番多く私に投げかけられた質問は、「いったいなぜ市長になろうと思ったんですか？」というものだった。つまり、市長を目指すなんて普通の人は考えるわけがないのに、普通だったはずのあなたにいったいどんなきっかけがあったのか、ということだ。市長になろうとすることがそれほど異端視されるというのは、やはり問題だと思う。その道への志を持ちにくい空気が出来上がってしまっているということだから。

市外出身者が長い間にわたって市長を務めてきたことへの反発として地元出身者を望む声があったことは確かだし、私もそれを自分の売りの一つとして選挙を戦った。幼い頃から土地に慣れ親しんだ愛着の歴史が深いほど、市長としての仕事に心が込もるのは事実だと思う。

のちに火葬場の整備に取り組む際などに、それを実感した。

その頃の延岡市の火葬場は規模も小さく老朽化が甚だしかった。平成一七年に父が亡くなり最後の別れの場となったこの施設で、私は父を送る悲しみとは別の悲哀を感じたものだ。「こんなみすぼらしい火葬場で肉親を見送らねばならないのか」という思いだ。それが火葬場の建て替えへの決意につながった。

なぜこんな状況になるまで先送りされてきたのかというと、それまでの市長さんたちには身内をここで送り出した経験がないため、「建て替えねば」と切実に感じる機会がなかったからではないかと思う。一般にこうした施設は（場所を移転するのであればなおさら）建設地周辺の住民からの反発が強いために、政治問題化しかねない危険をはらんでいる。下手をすると選挙にも影響するから、よほどの覚悟を持った決意がなければ、ついつい先送りされてしまいやすいのだ。

また、現在の延岡市では、市外からの観光誘客にも大いに力を入れているのだが、重要なアピールポイントの一つは地元の神話や歴史だ。

よく調べてみると、実は延岡は神話と歴史のロマンあふれる土地柄だということがわかった。天孫瓊瓊杵尊（ニニギノミコト）と木花佐久

出逢いの聖地モニュメント（愛宕山）

夜毘売（コノハナサクヤヒメ）の笠沙の岬（現愛宕山）での出逢いの伝説、瓊瓊杵尊の御陵墓の存在、その御陵墓のすぐ前に西郷隆盛が西南戦争で最後の宿陣を敷いたという事実など、それぞれに最近は広く知られるようになってきた。三重大学名誉教授の宮崎照雄先生は「ここが日向神話の本舞台だ」とまでおっしゃってくださるし、西郷隆盛がここを最後の宿陣地に選んだ理由について、ひ孫の西郷隆夫氏は「（官軍の権威の源である天皇家の祖先の）瓊瓊杵尊のお墓を背にした西郷軍に対して官軍が銃を向けることはできないため」と父親から聞かされていたとおっしゃっている。

こうしたことをはじめ、延岡はたくさんの神話や歴史上の魅力的なエピソードに彩られていることがわかってきた。なぜ今まで掘り起こしができなかったのか訝《いぶか》しくさえ思うほどだ。

この点でも、市外出身の市長の場合には、地域固有の歴史に対してどうしても関心が薄いということが背景にあったのではないか。勘ぐり過ぎだろうか。

といっても、何も、一概に市外出身市長はダメだと決めつけているのではない。

市長という仕事は多岐にわたる事柄を取り扱うし、様々な資質が問われる仕事でもあるか

西郷隆盛宿陣跡資料館を訪れた
西郷隆夫氏

ら、全体としての総合能力が高くなければいけないのは当然だ。総合力が他よりも優れているのであれば、市外出身者でも最適任である場合もあるだろう。ただ、その総合力を構成する要素の一つに、地元出身者としての住民感覚（およびそれから生じる情熱）があるということを指摘しておきたい。

さて、横道に逸れてしまったが、市長に就任してさっそく、市役所の講堂で職員を前に就任演説をせねばならなかった。

選挙が終わったばかりで、自分でいちから原稿を書き上げるような時間的余裕がまるでない中で、前日に職員が作成して渡してくれた草稿を見て驚いた。選挙中に私が掲げていたマニフェストや個人演説会で主張していたことなどを軸に、一五分くらいの演説原稿としてポイントを押さえてまとめてあったのだ。少しの手直しだけで仕上げることができたから、これは大変に助かった。選挙中からずっと私の話を聞いてくれていた人がその場にいたとしても、完全に私自身の手による演説と思ったはずだ。市役所職員は優秀だなあと感心した。ただし、その優秀さを発揮してもらうためには前提がある。明確な意思がトップから示されることだ。

この時のように、新市長の考え方はこうだという情報をマニフェスト等によって提示されていれば、それを施政方針演説という形にすることなどはお手のものだ。しかし、基礎的な部分での意思決定がなされなければ、職員が何かの判断をしたり方針を決めたりすることは困難だ。

市長というのは「独任制の執行機関」、すなわち一人だけで決定権のある行政機関であって、職員はその補助機関なのだから、法的にもそれは仕方のないことだ。職員の職務は市長の補助をすることというのが法的位置付けなのだ。だからこそ、市長の仕事は責任が重い。

## 青年会議所と盛和塾

本書はタイトルで「君、市長にならないか」と問いかけているのだから、私への「なぜ市長になろうと思ったのか」という、先ほどの問いに対しての答えに触れないわけにはいかないだろう。きちんと答えようとすると長くなる。ただ、青年会議所でまちづくり活動に没頭したことが高じた結果としての挑戦であり、盛和塾で経営哲学（ひいては地域経営哲学）を学んだことが背中を押してくれた、とだけ記しておこう。この学びが私の「思考の座標軸」を形成してくれた。

青年会議所はもともとアメリカで生まれた組織で、一般的にはＪＣ（Junior Chamberの略）と称する。まちづくりと自己研鑽が活動の両輪だ。このＪＣという組織についての認知度はかなり高いのではないだろうか。

中曽根康弘元総理や麻生太郎元総理をはじめ、ＪＣ出身の政治家は多い。延岡商工会議所の清本英男会頭も延岡ＪＣの大先輩だ。

また、盛和塾とは、京セラの創業者稲盛和夫氏を塾長としてその経営哲学を学ぶ勉強会組織だ。最初は京都の若手経営者の勉強会として始まり、一九九〇年頃から全国に広がった。宮崎県においても一九九四年に盛和塾宮崎が設立され、その際に私も友人から誘われて参加することとなった。

盛和塾宮崎の当時の代表世話人は、霧島酒造の江夏拓三さん（黒霧島の仕掛け人）と九南の安田耕一さん。そして塾生は約五〇名ほどだったろうか。稲盛塾長ご本人は二、三年に一度くらいしか宮崎にはお越しにならなかったが、それでも年に数回開かれる例会（勉強会）は大変な熱気にあふれた。

私は当時、稲盛さんの講話録のカセットテープを車の中でいつも聞いていた。二〇本ほどのテープだったが、どれを何度聞いても毎回違った気づきがあったのを覚えている。

稲盛さんがよくおっしゃる「利他」、「大義」、「誰にも負けない努力」などの言葉は人によってはきれいごとにしか聞こえないかもしれない。しかし全体を通して私が一番強く感じたことは、そうしたきれいごと的・タテマエ的な言葉が、稲盛さんの口から出るとリアリティを伴うということだ。別の言い方をすれば、稲盛さんの中では（一般人が言う）タテマエがホンネそのものとなっている。稲盛さんが「誰にも負けない努力」とおっしゃる時は、本当に世界の誰にも負けない努力を意味しているのだと感じる。

市長として仕事をするにあたっても、このころに学んだことがどれだけ役に立ったかしれない。単なる企業経営論ではなく、広く人間の組織全般、あるいは人間の生き方全般に対して多くのご示唆をいただけたと思っている。

私が市長に就任したのちに、稲盛さんとは京都で二度ほどお目にかかる機会があったが、延岡市長に当選したのを喜んでいただいたことは私にとって大変光栄なことだった。盛和塾の塾生が市長になったらこんな仕事をした、と誇ってもらえるように頑張ろうと思ったものだ。

## 駆け出し市長の苦難

市長は決定をするのが仕事だと言っても、それにも限度があるだろうと文句を言いたくなるほど、毎日種々雑多な決裁が回ってきて、いつも決裁箱は山積みだ。電子化を進めてきてはいるが、今でも重要なものは全て紙文書決裁だから、文字通り、物理的な「山」ができる。

最近でこそ、さすがに、ほとんどは書類にさっと目を通すだけで処理できるようになったが、就任したての頃はそうはいかない。初めてのことばかりだから、内容を読み込んだり担当課に確認したりしているうちにどんどん時間が過ぎていく。外での仕事も多いから、決裁書類の束と決裁用の印鑑を公用車に持ち込んで、移動中に車中で処理する日々だった。

また、いろんな部署がだいたい三〇分毎に入れ替わり立ち替わり協議に入ってくる。どの案件も関係課で煮詰めた末の市長協議だから、その場での結論を求められることも多い。企業誘致の話をしていたと思ったら、次の瞬間には別の課の職員たちが市長室に入ってきて保育行政の話が始まる、という具合だ。集中力を持続させるのに苦労したが、そんなことが続くうちに人間というものは適応するものだ。昔のように、もっとのんびり生きていた頃より頭の回転が速くなったような気がする。

とはいっても、最初の頃は一日一日に相当なエネルギーを費やしたので、トイレなどでホッと一息ついた時には、ああ、まだ一カ月しか過ぎてないのか、これで果たして四年間も頑張れるだろうかと途方にくれる思いになった記憶がある。

そんな一年生市長の頃に、大きな竜巻が市を襲った。平成一八年九月一七日、市南部の緑ケ丘地区で発生した竜巻が市街地のど真ん中を七キロほど北上して猛威を振るったのだ。実にショッキングな出来事だった。真っ赤な特急電車の車体が横転している写真が全国に配信され、新聞などに大きく掲載された。

最初の数時間は何が起こったのか全く不明だった。

ちょうど台風が接近してきていた九月一七日㈰の午後二時過ぎ、第一報を聞いたのは自宅だったと思う。

「突風で緑ヶ丘地区の民家に被害が出たようです」

それからそう間をおかず立て続けに、「山下町でも突風があったそうです」「消防本部が突風で被災しました」etc.……。

すぐ災害対策本部を招集したが、同時多発の突風被害という不可思議な状況のなかで少しでも現場の事態を把握するため車中からざっと視察しておこうと、被害報告のあった船倉地区経由で市役所に向かった。

その頃になってようやく、「どうも竜巻が発生したようです」という連絡が来ていた。

こんなことは誰も経験がなかったから、どのように行動するかというマニュアルなどない。基本的な危機管理の原理原則はなんだろうと考えながら、目の前の事象に対していくつかのステップに分けて対処することにした。先ずは災害発生直後の救命活動、その後は二次被害の防止、被災者への支援、復旧活動ということになる。

竜巻で横転した特急電車

まず最初に出した指示は、「倒壊した家屋の下などに生存者がいないか早急にチェックせよ」というものだった。思ったより早く全地区の確認が取れて、その時点で救出が必要な市民はいないという報告を受けたが、大変残念なことに三名の方々の死亡が確認されていた。ただ、後で知った被害の大きさからすれば、もっと多数の死者が出ていてもおかしくない状況ではあった。

対策本部会議がひと段落したのちに現場を回ってみると、幅一〇〇～二〇〇メートルで七キロ以上にわたって延々と帯状に続く凄まじい破壊の跡。そして、その外側の平穏さとの異様なギャップ。竜巻被害とはこういうものだということを初めて知ったが、こうして実際に現場を見て回っておいたことは後の判断に大いに役立った。

そして、この竜巻災害に際しては、復旧の過程でボランティアの活動が大きな力を発揮した。そのことは第八章であらためて触れることにする。

## カルチャーショック

私は延岡市内で生まれ地元の高校を卒業して、大学は工学部の物理工学科へ進んだ。東京で小西六写真工業（今のコニカミノルタ）の研究所に数年勤めて、父の会社の跡を継ぐために帰郷した。その後は営業を長く経験して、平成五年から社長となり、市長就任にあたって退職している。未練を残さぬよう、株式も全て新社長に譲渡した。

研究者、営業マン、社長業と転身してきた人生だが、行政に身を置くのは初めての経験だ。民間から市役所の中に入ってみて、いろいろと意識の違いを感じることが多かった。

最近急速に発達してきた人工知能（ＡＩ）は様々な職種の人間の仕事を置き換えると言われていて、これには当然に抵抗感があるわけだが、過去においても、機械による仕事の効率化は公務員の世界に波紋を起こしてきた歴史がある。

三〇年ほど昔の話になるが、「パソコンで仕事が効率化されると職を失う人間が出るから導入すべきではない」という声を市役所職員から聞いたことがあったし、パソコンが誕生するよりもっともっと昔には電子計算機（今の電卓）についても同様の主張があったと聞いたこともある。私はもともと事務機器などを扱う仕事をしていたから、その関係でこうした声に触れる機会があったわけだ。今でこそ「電卓で仕事が効率化されると職が減るから算盤《そろばん》のままがいい」なんてジョークとしか聞こえないが、昔は大真面目だった時代があるのだ。

こうした思考パターンは市役所内部でも波紋を起こしていたようで、私が市長に就任した頃に、ある課長からこんな話を聞いた。

「自分が市役所に入庁したての新人の頃（昭和五〇年頃？）に、張り切って仕事をしていたら、先輩から『お前がそんなに頑張って仕事をしたら他の者も頑張らなきゃいけなくなるだろう。人に迷惑をかけるようなことをするな』と言われて絶句したことがありますよ」

昔のこととはいっても、いくらなんでもこれはひどい話だ。現市役所職員の名誉のために念のため付け加えるが、もちろん現在はそんな考え方をする職員はいない。

ただ、かつては、仕事は職員のためにあると勘違いしていた人たちが結構いたというのは事実のようだ。当時は日本社会全体に雇用の場が大幅に不足していて、戦後の失業対策事業などの感覚がまだまだ世間に残っていただろうから、パソコン・電卓導入反対論のような発想も一定の説得力を持ったのだろうと思う。

逆に、今は地方においても人手不足の時代を迎えた。雇用を守るために生産性向上を抑制するなどという理屈は成り立たなくなっている。

また、行財政改革の取り組みにより職員数を相当削減してきた一方で、行政サービス（アウトカム＝職員の仕事量でなく市民の受けるサービス）を減らすわけにはいかないという事情もある。民間委託を行ったり、仕事の手順を見直したり、システム化したりというような工夫で効率化を進めることが、かえって職員の負担感を低減していくことになる。

## 職員へのメッセージ

私が市長に就任して半年ほどが過ぎた頃、これまでに書いてきたようなことも含め、私自身のものの考え方をどう職員に伝えていこうかと思案し、新たに始めたのが毎月の全職員宛のメッセージメールだった。

二〇〇六年九月に最初のメッセージを発出以来、ほぼ月一回のペースでこの一二年間続けてきた。累計メッセージ数はすでに一三〇本近くになる。当初は外部にはオープンにせずに、純粋に職員だけに読んでもらうメールだったのだが、何回か続けているうちに、職員の持っていたコピーを目にした知人から「せっかくなら市民にも広く読んでもらえるような形にしたらどうか」とアドバイスをいただくこととなった。そこで、情報公開や情報発信を進める取り組みの一環として、市のホームページの中でバックナンバーも含めて公開することになった次第だ。

この本の中でも、その中から十数本をピックアップして紹介していくことにしたい。適宜、文中のテーマに沿ったメッセージを原文のまま転載し、若干の解説も加えることで、市役所内での当時の空気感なども感じてもらえればと思う。

次のメッセージが第1号だった。

## 仕事に生きがいを

（06年9月7日）

皆さん、こんにちは。市長の首藤です。

福岡市で飲酒運転による痛ましい事故が発生しました。これを他山の石として、自分たちの足元を今一度見つめ直したいと思います。延岡市職員として、飲酒運転撲滅の決意を皆で新たにしましょう。

さて、従来の幹部会を「行政経営会議」に改め、部課長会を「リーダー会議」として会議運営の再編を行いました。その中で部課長さん方には私から直接お話をさせてもらう機会を作ったところですが、出来れば全職員の方々とコミュニケーションを取ることが出来ないだろうかと考えていました。ランチミーティングなどで直接対話を試みているところですが、如何せん、人数を多くということは物理的に難しい。そこで、今月から電子メールを皆さんに出させていただくことにしました。月に一回程度と考えていますが、どうぞよろしくお願いします。

ちょうど今、私が市長に就任して早くも七カ月が経過したところです。土曜も日曜も無く、あっという間に過ぎていく日々でしたが、市役所の仕事ぶりの良い点、悪い点など、いろいろと考えさせられることがありました。今日はその一端を述べたいと思います。

先ず、職務に関して言えば、市職員の皆さんは非常に優秀だと感じています。さすがに大変な倍率の採用試験をパスしてこられた方々だなと思います。反面、せっかくのその能力が、全体としてうまくベクトルを揃えた形で発揮できていないのではないか、そしてそれが市民の中でくすぶっている公務員批判へと連動している面があるのではないかとも感じています。

先日、ある市議会議員の方から指摘を受けました。その内容は、ある地域の人が土木課に草刈を依頼していて、数日後、他の課の市職員が別の用務で何人か現地に来たので草刈の実施日について尋ねたところ、「自分たちは土木課の職員ではないので、詳細は土木課に直接問い合わせて欲しい」と言われたとのことでした。

その市会議員の方がおっしゃるには、同じ市の職員なら、その話を自分で受け止めて土木課に伝えるくらいの配慮はあってしかるべきではないかということでした。このことについては別の見方もあるでしょう。直接土木課に問い合わせてもらったほうが正確で効率的だという判断があったのかもしれません。しかし、問題は、市民から見たときに自分の言葉がどのように相手に聞こえるかということについて想像が及んでいなかった、あるいは配慮がなかったということではないかと思います。

よく「セクショナリズム」だとか、「縦割り」、あるいは「お役所仕事」などという言い方で行政の仕事が批判されますが、私たちの仕事の仕方が市民からどう見られているかということを、私たち自身が常に意識した配慮をすることが必要です。

これも、私たちが襟を正す、あるいは足元を見つめなおす契機としたいと思います。仕事に取り組む姿勢、ものの考え方ということでいえば、そもそも根本のところで、私たちは仕事に生きがいを感じながら日々を送れているでしょうか。自分の仕事にやり甲斐を感じ、市役所という組織の中で各々のベクトルを合わせてより良い成果を挙げるべく取り組むということが十分に出来ているでしょうか。私たちは、睡眠時間を除けば、人生においては仕事に費やす時間が一番多いのです。その時間が充実感に満ちているのであれば人生は楽園ですし、仕事が苦痛であれば、人生は地獄です。

その分かれ目は何か。

私は、それは唯一、自身の「価値観」あるいは「人生観」によると考えています。正しい価値観を持って、仕事に生きがいを感じながら素晴らしい人生を送りたいものです。そしてそれがまた、素晴らしい地域を作ることにつながるのだと確信しています。

## 目的意識を持った会議を

以前の幹部会（部長会）は議論の場ではなく、市長から部局長全員に訓示をすることが中心で、個別の施策についての説明がなされるようなことも普段は特になかったと聞く。「行政経営会議」の創設にあたっては、「部局長全員で情報を共有していこう。民間企業の取締役会に相当する会議にしたいから、自分の担当以外の案件にもどんどん意見を言ってくれ。発言することは参加者の義務だ」と宣言してスタートした。

役所という組織の元来の特徴かもしれないが、自分の所管する仕事以外にあまり口を出さない傾向がかつては強かった。各部局の仕事が重要な局面に来ているのであれば市長や助役との間で通常はすでに協議がなされているはずだから、そこで既定路線となっている方針に口を挟むことへの抵抗感もあっただろう。だから部長会の場でも、他の部の事業に意見を述べるということがなく、議論に発展しない。また、もしかしたら「他の部局長から自分の担当の仕事をとやかく言われたくない」という意識が強くて、それが、「だから自分も他の部局のことに口を挟まない」という態度につながっていたという側面もあるかもしれない。

しかし、部局長という立場の幹部職員であれば、市全体のビジョンを普段から共有しながら、その中で自身の担当の仕事を俯瞰することも大切だと私は思う。担当外の重要案件の協議にも参加することで各人の資質が磨かれ、同時に案件の成熟度も上がる。

もう一方の「リーダー会議」は約八〇名の課長級職員の会議だが、この人数になるともはや闊達な議論の場という位置付けは難しく、いきおい事務的な内容を周知する会になりがちだ。そんな、ＩＣＴを活用すればやらなくて済むような会議にわざわざ課長全員を招集する意味も薄い。

だから、私としては、仕事への意識を共有する場にしたいと考えた。

当初、市役所で常に感じていたことの一つが、「実務ばかりに終始していて、そこには『情熱』とか『やる気』という要素を意識する機会が欠落している」ということであった。もともと販売会社を経営していたものだから、「やる気」なんていうことは朝礼などでも頻繁に取り上げる、いわば経営のメインテーマだったのだが、そんな重要なはずの言葉を市役所の日常では全く耳にすることがない。

民間とは性格の異なる組織ではあるが、どんな組織であっても、質の高い仕事をするには高い意識を持つことが不可欠だ。そのために一番重要なのは、組織の風土なのだ。組織風土を作り上げる、あるいは変えるということには、意思と根気と時間が必要だ。

もともと、この毎月の職員へのメッセージを書き始めたのもそうした思いからだったし、同様に、リーダー会議では冒頭の二〇分ほどは私から仕事に向き合う姿勢などについて話をすることにした。

あまり説教臭い話になると意図が伝わらないから、その時々の延岡市の主要な話題だとか大きなイベント、あるいは身の回りで気がついたことなどを話の材料にして、仕事に対する考え方など、意識改革に関する話をすることが今でも多い。

# 2 地方都市の苦悩

## 高速道路整備への苦闘

延岡市はかつて「陸の孤島」と呼ばれてきた。全国の人口一〇万都市の中でこれほど高速道路整備が遅れたところは、他にほとんど見当たらない。このことがどれだけ街の発展を阻害してきたか計り知れない。だから私も青年会議所の頃から現在にいたるまで、このテーマには長く取り組んできた。

全国的に道路問題への関心が高まったのは、小泉純一郎政権で日本道路公団が民営化された頃（平成一七年）と、福田康夫政権のもとで道路特定財源の問題がクローズアップされ部分的な一般財源化で決着した頃（平成二〇年）だろう。

私としては、市長就任後に直面した道路特定財源問題の思い出が大きい。道路特定財源とは、戦後の復興期にアメリカからの調査団によって「日本の道路は信じがたいほど劣悪」（ワトキンス・レポート）とされた状況の中で、道路整備を加速するために設けられた制度だ。一九五〇年代に揮発油税が道路整備のための財源となる目的税として位置付けられたのに端を発する。暫定税率のことも問題になったが、ここでは触れずにおこう。

さて、当時（といっても今も大して変わらないのだが）、在京マスメディアを中心として、「もうすでに国内の高速道路整備はあらかた終わっている。これ以上道路に予算をつぎ込むのは、建設業者と政治の癒着に他ならない。国家財政が危機に瀕しているのはこれまで無駄な公共事業をやってきたせいだ」という雰囲気が蔓延していた。

私は、整備の遅れてきた地方を代表する思いで、「（一九六〇年代から八〇年代にかけて構想が策定された）国土開発幹線自動車道は国家の発展のために最低限必要な高速道路として位置づけられてきたが、未だに供用のめどが全く立たない路線がある。財政状況は厳しいが、せめてこれらはきちんと完成させないと国の将来に禍根を残す」といろいろな機会に主張していて、当時の福田康夫首相が道路特定財源について検討されるにあたって、全国市長会を代表して官邸で直接意見を申し上げたこともある。

衆議院予算委員会の公聴会に意見陳述者として呼ばれた際には、私からの「道路特定財源と暫定税率を維持して道路整備を進めるべき」との意見陳述のあと、委員から「建設業者の雇用や下請け発注などを通して道路整備が地方経済に及ぼす影響は大変大きいものがあると思うが、市長として、そういう意味での公共事業の必要性をどう考えるか」という趣旨の質問があった。道路整備に賛成の立場からの質問だったのだが、「土建業界と結託した無駄な公共事業」と捉えられてしまっては困るので、私からは、「建設業界を支えるために道路工事を行うべきだとは思いません。道路はもっと長いスパンで、例えば企業立地や観光などを通して地域振興に寄与します。それこそが道路のもたらす最も大切な経済効果だと考えます」と答弁させてもらった。

この公聴会のやり取りや、当時の「ガソリン値下げ隊」に私が食ってかかって道路整備の重要性を力説したことなどがテレビで報道され、それを見て、全国から何通か次のような批判のメールが私のもとに届いた。

「市長の発言は市民の本当の声を反映しているのか。役人や議会のエゴで言ってるんではないか」

「道路、道路という発言の裏に利権が渦巻いているのではないか。アホで恥知らずだ」

当時、テレビなどでは「地方で高速道路整備を求める勢力は業界と政治が癒着した連中で、まさに土建国家日本の象徴だ」と言わんばかりの、偏見に満ちた報道が目についたものだ。

しかしこれは基本的なインフラ整備などとっくに終わっている大都市の、いわば東京目線での物の捉え方だと思う。地方で生活をしている人間からすれば（少なくとも延岡市民としては）、道路整備が進まないことには地域間競争においても大変不利な状況を余儀なくされるから、なんとか早く整備をしてほしいというのが偽らざる実感だ。地方の実情を知らない人たちは、メディアに感化されて、それが真実だと思い込んでしまうのだろう。

また、大手新聞がたびたび「日本は公共事業によって財政が悪化してきた」と解説してきたので、それを鵜呑みにしている向きは多いと思う。しかしこれは意図があってか否かわからないがフェイクニュースであって、実際に数字を紐解いてみると財政悪化の主因は医療や福祉などの社会保障関係費であるのが明白だ。公共事業が財政に与えた影響の規模はそのわずか数分の一に過ぎないし、それは社会保障と違って、のちに経済効果を生み出すいわば「投資」という側面もある。

ところで、報道によると、東京では日本橋周辺の景観に配慮して、現在は高架になっている首都高速の二・九キロ区間を数千億円かけて地中化することになるようだ。老朽化対策ということだが、高架のままの更新であれば約一四〇〇億円で済むのに対して、地中化となると約五〇〇〇億円に膨らむと言われている。利便性や経済効果は変わらないのだから（観光経済効果があるのだろうか）、景観改善効果のための費用が（差し引き）三五〇〇億円以上ということになる。

少し不思議な感じがしたのは、あれだけ公共事業を叩いてきた中央メディアがこれには好意的で、ある大手新聞の編集コラムでは「景観に配慮するのは画期的なこと」という趣旨の評価がなされていた。

日本はこれまであまりにも景観を軽視してきたから私もこれは良いことだとは思うけれど、この差額分だけでもあれば、地方の高速道路なら何十キロもの整備ができて、沿線住民の生活が一変し物流改善などで経済効果も大きいだろうなとつい妄想してしまう。

何はともあれ、これまでの関係者の苦労の結果、幸いにもここ一〇年ほどで東九州自動車道はずいぶん整備が進み、延岡市もおかげで「陸の孤島」をようやく脱しようとしている。

## まちづくりとデザイン

高速道路整備のような、他地域と比べて遅れているからなんとか早く追いつこうという「キャッチアップ」のまちづくりともいうべきテーマがある。延岡市はまさにそうしたものが長くメインテーマであり続けてきた。あとで少し詳しく述べるが、清掃工場や火葬場などの生活関連施設な

高速道路整備が進展

どの建て替えをはじめ、小中学校の耐震化、消防庁舎、市庁舎など、いずれもこれまで先送りされてきていてキャッチアップせねばならない課題が山積していた。

それらに一定の進展を見ることができた現在、まちの個性や魅力を新たに創造することが求められる「クリエイト」のまちづくりの時代に突入したと認識している。そうした分野では、どんな個性や魅力を創り上げるかという企画構想が何より重要であるのはもちろんだが、「デザイン」という観点が欠かせない。中身（コンテンツ）の価値を高め、成否すら左右するものだと思う。

私は経済人時代に延岡市の都市景観審議会委員を七年ほど務めていたのだが、その頃に見聞きして「これはまずい」と感じた事例がいくつかあった。

例えば、市内を流れる五ヶ瀬川に新しく橋が架け替わる際に、親柱（高欄の両端にある柱で川や橋の名称などが刻まれているもの）のデザインを決める審査会が別途開催されることになって、周辺の自治会の会長さん（延岡市では区長という）等が委員として集められたことがある。コンペの応募作品の中から最終案を決めるのがミッションなのだが、委員の中にデザイン専門家はほとんどいないために議論が迷走して、「五ヶ瀬川といえばやっぱり鮎だから、鮎をモチーフにした作品の中から選ぶべきだ」ということになった。そんなことなら初めから作品テーマを鮎に絞って公募すればよかったわけだし、デザイン性が軽視される選定となったわけで、結果的にはデザイナーの努力を無にしてしまった感が否めない。

また、もう二十数年前のことだが、国の制度事業を活用して、市役所前の道路が良好な景観づくりを目指す「シンボルロード」として整備された際に、歩道が自然石で舗装され石柱の車止めがずらっと配置された。この時、材料はいいものを使ったにもかかわらず舗装石板の配色レイアウトがいかにも見苦しいものになっていたり車止めがあまりに密に設置されていたことが不評を買い、県内の建築家から著書の中で厳しくこき下ろされる羽目になった。大きなお金をかけたにもかかわらず、レイアウトやデザインを素人がやってしまったことがこうした事態を招いたのだ。

担当者は一生懸命仕事をしたのだろうが、良好な景観を形成するためにどんな手順で仕事を進めるかという発想が当時の延岡市役所になかったことは残念だ。デザインを大切にする組織文化がなかったということだろう。

私は、知見とセンスのある専門家を恒常的にデザイン・アドバイザーとして任命しておいて、市が公共施設や公共インフラを整備する際の各個別の設計にデザイン面で関与させることで統一感のある景観を実現できないかと考えて

市役所前のシンボルロード

いた。

市長に就任し、そんな話を市内の建築家をはじめいろんな人たちにぶつけてみたのだが、なかなか反応がない。市役所内にデザイン室を設置してはどうかとか、市内の専門家数人で公共構築物にデザインのフィルターをかける組織を作れないかと考えてみたが、いろいろと問題があって実現できず、うまい仕組みが作れないまま今日を迎えている。

私としてはこだわりがあるから、仕組みが作れなければ個別案件ごとに突き詰めるしかないわけで、大きな新設案件のデザイン的な要素についてはかなり細かく意見を言わせてもらってきた。

私は以前に仕事でコンピュータによるデザインシステムに関わってきた経験があるのでいくばくかの専門的知識とセンスは身につけているつもりだ。しかし、デザイナーでもなんでもないので、なるべく自分の好き嫌いでものを言うのでなく、その都度、いいデザイナーを活用するような仕事の組み立てを指示してきたということだ。

## 三町との合併とコンパクトシティ

私が市長に立候補した時点ですでに隣接する北方町、北浦町との合併は決まっており、就任直後の二月二八日に両町との合併式典が行われた。ただ、当時もう一カ所、合併が議論されていた自治体がある。それが北川町で、この時点ではまだ合意に至っていなかったため、積み残しという形になった。

この三つの町を総称して「三北」というのが定着していることからもわかるように、地域全体は一体でなければ、という感覚を住民の皆さんが持っていたのは事実だろう。私としては、前年の選挙で新たに北川町長に当選された染矢俊一さんと何度も会って協議を進め、一年遅れでこの北川町とも合併にこぎつけることができた。

延岡市はこの合併によって、実に八六八平方キロメートルという広大な面積を持つ、九州で二番目に広い自治体となった。三町との合併が完了したことにそれなりの達成感はあったが、それはゴールでなくむしろスタートだったと言えるだろう。

あれから一〇年以上が経過したが、「合併はしたけれど何もいいことがない」という声を最近でもたまに耳にすることがある。

ひとつには、旧町財政に余裕があった時代の記憶が残っているからでもあるだろう。国を挙げての平成の大合併という大波の中で、「より良くなるため」に合併したというよりむしろ「このままでは早晩やっていけなくなるから」という理由が主だったのだと思うが、どうしてもかつての良かった頃と現実を比べてしまうのだ。気持ちはわかるのだけれど、「厳しい時代を合併によって乗り越えていこう」というみんなの決断を意義あるものにするためにも、今後どうやって一体感のある新しい市を作っていくかということを一番に考えていきたいものだ。その議論の輪にすべての地域の皆さんが主体的に参加してほしいと思う。地域ごとにそれぞれの個性を残す知恵もたくさん出してもらえれば、行政としてはそれを最大限尊重していきたい。

実際に、「元気のいい三北地域づくり支援事業」などで各地域の前向きな思いをサポートしてきているし、全体としては新市としての融和も進んでいる。

国や県に協力してもらって北川流域防災会議を設置したことも象徴的だったが、「自然災害や鳥インフルエンザなどに対して、合併して格段に対応力が増した」という声もあり、トータル的には合併の効果は大きかったと思う。

ただ、しっかり受け止めて考えねばならないのは、合併がきっかけとなって旧町地域の人口流出に拍車がかかってしまった面があることだ。自分の町というアイデンティティが合併によって薄まってしまった結果かもしれない。やはり、新延岡市全体でみると、周辺にある旧三町地域の人口減少が顕著なのだ。

このことから、国が推進するコンパクトシティのジレンマをどうしても連想してしまう。

コンパクトシティとは、都市機能を市の中心部にコンパクトに集約して徒歩や公共交通で

# 都市再生特別措置法等の改正（概要）

国土交通省

平成26年8月1日施行

**背景**

- 地方都市では、高齢化が進む中で、市街地が拡散して低密度な市街地を形成。大都市では、高齢者が急増。

**法律の概要**

●立地適正化計画（市町村）

- 都市全体の観点から、居住機能や福祉・医療・商業等の都市機能の立地、公共交通の充実に関する包括的なマスタープランを作成
- 民間の都市機能への投資や居住を効果的に誘導するための土俵づくり（多極ネットワーク型コンパクトシティ）

**都市機能誘導区域**

生活サービスを誘導するエリアと当該エリアに誘導する施設を設定

◆都市機能（福祉・医療・商業等）の立地促進

○誘導施設への税財政・金融上の支援

- 外から内（まちなか）への移転に係る買換特例 税制
- 民都機構による出資等の対象化 予算
- 交付金の対象に通所型福祉施設等を追加 予算

○福祉・医療施設等の建替等のための容積率等の緩和

- 市町村が誘導用途について容積率等を緩和することが可能

○公的不動産・低未利用地の有効活用

- 市町村が公的不動産を誘導施設整備に提供する場合、国が直接支援 予算

◆歩いて暮らせるまちづくり

- 附置義務駐車場の集約化も可能
- 歩行者の利便・安全確保のため、一定の駐車場の設置について、届出、市町村による働きかけ
- 歩行空間の整備支援 予算

◆区域外の都市機能立地の緩やかなコントロール

- 誘導したい機能の区域外での立地について、届出、市町村による働きかけ

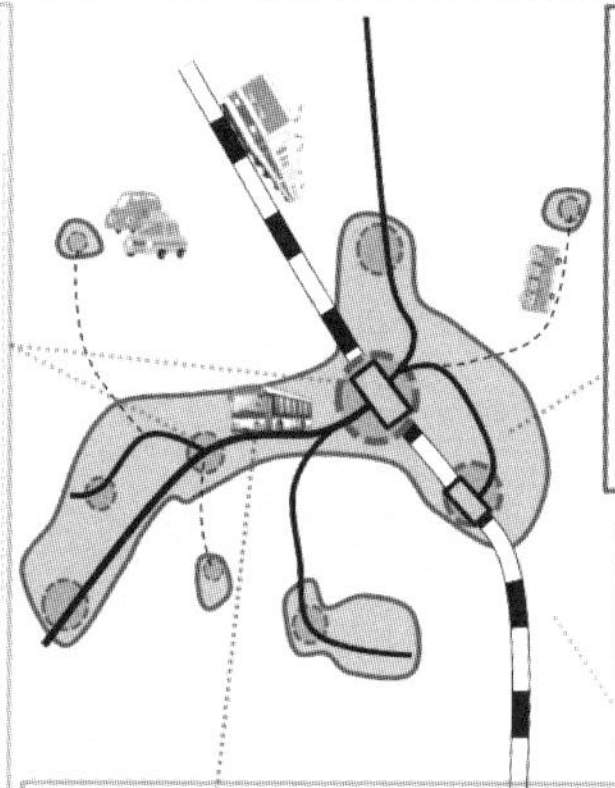

**居住誘導区域**

居住を誘導し人口密度を維持するエリアを設定

◆区域内における居住環境の向上

- 区域外の公営住宅を除却し、区域内で建て替える際の除却費の補助 予算
- 住宅事業者による都市計画、景観計画の提案制度（例：低層住居専用地域への用途変更）

◆区域外の居住の緩やかなコントロール

- 一定規模以上の区域外での住宅開発について、届出、市町村による働きかけ
- 市町村の判断で開発許可対象とすることも可能

◆区域外の住宅等跡地の管理・活用

- 不適切な管理がなされている跡地に対する市町村による働きかけ
- 都市再生推進法人等（NPO等）が跡地管理を行うための協定制度
- 協定を締結した跡地の適正管理を支援 予算

**公共交通**　維持・充実を図る公共交通網を設定

◆公共交通を軸とするまちづくり

- 地域公共交通網形成計画の立地適正化計画への調和、計画策定支援（地域公共交通活性化再生法）
- 都市機能誘導区域へのアクセスを容易にするバス専用レーン・バス待合所や駅前広場等の公共交通施設の整備支援 予算

国土交通省ホームページより

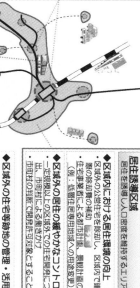

の移動を基本にしたまちづくりを進めることによって、都市インフラ整備などの行政コストを抑え、人口減少時代において効率的で持続可能な社会を目指そうという構想である。これを実現するために国内各地で立地適正化計画などが進められている。

最近はコンパクトシティ・アンド・ネットワークという表現も出てきた。つまり、コンパクトな中心市街地および集約された複数の周辺集落などを想定し、それらを効率的で利便性の高い公共交通網によって連携させようというものだ。

物事は常にトレードオフ、つまり、あちらを立てればこちらが立たずという関係でも見る必要がある。このコンパクトシティの場合、中心となる市街地に人や都市機能を集めるということは、逆に言えば周辺地域からはそれらを引きはがすことでもある。だから別の言い方をすれば、行政効率の悪い過疎地域の維持のために多大なエネルギーを使うのはやめようという発想だとも言えるのだ。

そうした効率優先の国土づくりの結果として東京一極集中が生じたのではなかったか。そしてその過密な大都市で窮屈に暮らす若い人たちが必然的に子供を作らなくなって、少子化が進んだのではないか。

そう考えれば、この「コンパクトシティ」への過剰な傾倒は、全国各地に一極集中の相似形をもたらすものになるのではないかと危惧する。町の構造を変えることにかかる費用だって莫大なものだ。

地方がそれぞれの状況を踏まえ、画一的にならないように、独自の知恵と工夫をそこに盛り込むことこそが必須なのだと感じている。

## 中央と地方――「地方創生」論に思う

関連して、地方創生について若干触れておこう。

日本創成会議が示したいわゆる「増田レポート」で、全国の基礎自治体の約半数にあたる八九六市町村が消滅する可能性があるとされた。これには私たち自治体関係者は大変大きなショックを受けた。

「消滅」の論拠として、若い世代の女性人口の急減が挙げられていた。具体的には、二〇一〇年からの三〇年間で二〇～三九歳の女性の人口が五割以上減少することを判定指標にしたという。

延岡市は消滅可能性都市には入っていなかったが、将来人口の推計値は強烈だ。二〇一〇年の人口は一三万一一八二人だったのが、国立社会保障・人口問題研究所によると二〇四〇年には九万六一四五人になり、さらに二〇六〇年には七万二六三八人になるという。

人口減少率は県内九市の中で五番目だからちょうど中間に位置しているのだが、母数が大きいために減少数で言えば県内最大だ。

人口動態は、転入・転出による社会動態と出生・死亡による自然動態を合わせたものとなる。社会動態は、過去の産業構造変化の中で大きなマイナスに振れた時代もあったが、近年はマイナスながらも減少数は少ない。一方、自然動態はかつてのプラスから大きくマイナスに転じており、これが市内人口減少の主因となっている。延岡市は比較的早い時期に工業都市として発展したので、その頃に急増した若年層が今となっては高齢となってしまっていることが背景にあると考えられる。

このような延岡市固有の事情は別としても、一般論としてなぜ地方で人口減少が急激に進んでいくのかと言えば、東京一極集中が進む一方で地方からの人口流出に歯止めがかからないことに加え、晩婚化・非婚化が進んで生まれる子供の数が減少してきたということなどが挙げられる。大学は大都市に圧倒的に集中しているから、高学歴化が進行するに伴って、大都市生活を経験したのちそこで就職するケースが増えたというような事情もあるだろう。

「増田レポート」でも、先進国の中でこれほど首都圏に一極集中している国はないということを指摘していて、この東京一極集中に歯止めをかけるために地方には頑張ってもらいたいと述べている。これを受けるような形で、政府は、東京一極集中から脱却し地方への人の流れを作ることが日本の少子化に歯止めをかけ持続可能な国を作るとし、頑張る地方には補助金などで国が支援すると言ってきた。「頑張らないところには何もしない」というような表現をされたこともある。

ならば、そもそも地方が頑張らなかったから東京一極集中が進んだのかというと、そんなことはない。他の先進諸国において、首都圏から遠く離れた地方自治体の多くがそれぞれに持続可能な状況にあるのは、各地方が頑張ってきたからというよりも、国全体の価値観や社会構造がそうした状況を必然的にもたらすものであったからだろう。

実際のところ、戦後の混乱から脱して高度成長期へと移行していく中では東京に資源を集中するのが合理的で自然な流れだったが、過度な集中は弊害を招くとして、かつての第一次～第四次全国総合開発計画の時代は基本理念として「多極分散型国土の構築」（四全総）など集中是正を掲げていた。ところがそれ以降、東京への集中の流れが再び政策的に作られてきた経緯がある。

それが顕著な形として現れたのは、小泉政権において都市再生本部が設置されたのち、都市再生特別措置法が施行（二〇〇二年）された時期だった。構造改革の名のもと、また「官から民へ」の掛け声のもと、東京再開発が進んだのだ。具体的には、羽田空港の拡張をはじめ、首都圏の高速道路整備、そして超高層ビル建設が続いた。実際、現在東京にある超高層ビルの多くはバブル期に建設されたものではなく、小泉政権の都市再生政策によってできたものだ。

こうして東京再開発政策を進めた結果、当然のように地方から東京への人の流れが加速し、現在のような状況を招いた。時代とともに国土開発の思想は振り子のように振れてきたのだ。

このような東京一極集中進展の経緯から考えると、その流れを逆転させるには、「頑張る地方にはお金を出します」式でなく、道州制や首都機能移転などといった大胆な政策誘導こそが必要なことがわかる。国全体の構造を変えることこそが必須なのだ。誤解なきよう強調しておくが、もちろん、併せて地方がそれぞれに頑張らねばならないのは言うまでもない。

そう整理したうえで、大阪や名古屋でなく東京へのオリンピック・パラリンピック誘致が国をあげて行われたこと、またそれに向けて東京の再開発にさらに莫大なお金が注ぎ込まれていること、一方で地方への政府機関移転については全国各地の期待が非常に高かったにもかかわらず京都への文化庁移転以外はほとんどゼロ回答だったことなどを考えると、ため息が出る思いだ。

## 地方で機能する公共交通のあり方とは

団子の串刺し

（08年11月4日）

「さわやか号」の拡充という位置づけで、一〇月に乗合タクシーの二路線を新たに開設しました。

これまで、旧三町ではそれぞれ福祉バスやコミュニティバスが運営されていましたが、有料・無料の違いがあったり運行本数の違いがあったりという不整合を残したまま合併しましたので、制度の統合を含め、さらに公共交通体制を充実させるべく検討を続けてきた一つの成果です。

これまでバス路線の空白地帯であった地域に公共交通を導入するということを一つの方向性として決めましたので、実施にあたって効果や優先度などを精査した結果、まずは安井・神戸地区と上三輪・中三輪地区からスタートすることになりました。当初の案としては来春に開設するという計画が上がってきたところでしたが、こういうことは一刻も早い方がいいので無理を言って担当者に骨を折ってもらい、一〇月からスタートできることになりました。

出発式会場には多くの地元の方が来ておられて、いろいろと話を

さわやか号

する機会がありました。

上三輪・中三輪地区の会場では、この地区に嫁いできて五二年になるという方が、「嫁いでくるときに、遠からずこの地域にはバスが通るからと言われちょった。その後も、もうすぐバスが通るからと何度も聞かされて、さらにはゴルフ場ができるときも今度こそ通るからと言われ、騙され続けて五二年が経ったとよ」と話しておられました。それを聞いていた別のおばあちゃんが横から、「私はもう六〇年騙されたとよ」とダメ押しの一言。ずいぶんこの日を待ち焦がれておられたんだなと痛いほど感じました。

ここだけが特殊な地域というわけではないと思います。一地域でまとまった戸数になるかどうかは別にしても、公共交通機関が通っていない地域はまだまだあるでしょうし、それぞれにこうした思いを抱えておられるでしょう。

今回の路線開設は、「これまで地域から強い要望が上がってきていて、それに対処するために事業化した」ということではありません。ただ、この話のように、地域の中に入ってよくよく聞いてみると、強いニーズがあるということがわかります。

現在各地でまちづくり懇談会を開催している最中ですが、そうした場においては多くの方から様々なご意見をいただきます。これは顕在化した市民ニーズということになりますが、私たちは、ともすればそうして顕在化した声だけを市民ニーズと思ってしまいがちだと言えるかもしれません。要望に応えての対処ということだけですと、どうしても仕事の姿勢が受身にもなります。もっと意地悪く言えば、「はっきりと声にして当局にぶつけられるニーズさえ満たしていれば文句は言われない」という意識すら我々の中にあるかもしれません。例えば、「道路を造ってくれ」というようなことは顕在化しやすいわけですが、そういう話だけではなく、声なき声を汲み取ることが大事だとあらためて思います。

また、市民の皆さんの側では課題だけがはっきりしていて解決の方策は見いだせていない場合もあるでしょうから、市役所の側から足を踏み込む必要がある場合も多いのではないかと思います。潜在ニーズまで含めて、しっかりとした目的意識を持った仕事をしていきましょう。

さて、公共交通機関を拡充する目的ですが、先述のように地元の皆さんの利便性を高めるためということが当然第一ですけれども、市街地の活性化のためでもあります。「中心市街地の活性化」ということを市政の大きな課題として掲げておりますが、これは端的に言えば、街の中心部に人の姿を増やすということだろうと思います。少子高齢化が進んで、自身で車の運転ができないお年寄りも増えてきています。バスがなければ街の中になかなか出ていけないという方は多いのですから、公共交通機関の拡充が中心市街地の活性化に大きく関わってくることになります。

先日、中心市街地活性化について関東学院大学の横森豊雄先生の講演会を開催し、全国各地でいわゆる「コンパクトシティ」づくりがどんなふうに展開されているかお話しいただいたところですが、特に富山市における取り組みに興味をひかれました。

「団子の串刺し」というものです。

「団子」とは中心市街地であり周辺市街地であるわけですが、それらを公共交通機関という「串」で突き刺しつないでいくという考え方のまちづくりです。それぞれの「団子」の活性化を図りながらもいかに市民の流動性を高めるかというところに力点があり、富山市の場合はＬＲＴ（近代的路面電車）がこの役を担っています。

延岡市の場合はどうしてもバスや乗り合いタクシーなどということにならざるを得ませんが、財政状況が厳しいなか、少しでも多く公共交通機関で中心市街地や周辺市街地、あるいは住居地域などをつないでいき、その中で病院への通院や買い物、あるいは公共施設等に行きたいというニーズを満たせるようにしていきたいものだと思います。


実はこの「さわやか号」の拡充は、市長選挙の前に各地域を回っていた時に聞いた、黒仁田集落のおばあさんからの切実な訴えかけがもとになって検討を進めてきたものだった。

市の周辺各地をリサーチした結果、他に優先すべき地域があったために黒仁田は後回しになってしまい、あの時のおばあさんには申し訳ないと思っている。遅れはしたものの、今では黒仁田地区にも「さわやか号」が走っている。

この「さわやか号」というのは、商業バス路線が通っていない地域に市が開設したコミュニティバスの愛称だ。こうして周辺地域にいくつかのコミュニティバス路線を開設したのはいいけれど、もともと人口の少ない過疎地域を走らせているものだから軒並み利用度が低い。だから便数を増やすことができず利便性が良くないのでますます使われない、という悪循環に陥っている。

コンパクトシティの成否のカギを握るのは公共交通だ。これが不十分なままでは都市機能を集中させても周辺部の市民の生活は不便になるだけだ。

地域社会の高齢化率はこれからもますます上昇するだろうから、メッセージにも書いたように、自分で車を運転できない人はさらに増えていくに違いない。そういう人たちの生活を支える足がなければならない。

それは何もバスに限ったことではない。鉄道も大切な公共交通のひとつだ。しかしそれを運営するＪＲ各社は今や完全に民間企業になってしまったから、相応の利益を出さないことには社会から厳しい目を向けられる。いくら公共サービスを提供するのが使命といっても、会社が赤字になってまで生活の足を確保することに力を注ぎ続けるわけにはいかない。

関係各機関がこうした事情を抱える中ではあるが、延岡市としてはJR延岡駅を結節点とした公共交通システムを作り上げていきたいと考えている。鉄道、路線バス、まちなか循環バス、タクシーなどを有機的に利便性高く組み合わせていければと思う。この公共交通テコ入れと賑わい創出を目的として、多額の公費を投入して駅周辺整備などを進めているところだ。この結節点に複合施設が平成三〇年春にオープンする。ここに賑わいが生まれ、周囲に波及して中心市街地活性化につながることを期待している。

地方における公共交通システムは今後ますます重要な政策テーマになっていくだろう。オンデマンド方式なども検討してきたのだが実現に至っていない。

ただ、最近の自動車技術の飛躍的進歩によって運転手不要の自動運転車が実現する可能性が見えてきた。将来の中山間地の暮らしを支えるものになるかもしれないと期待が膨らむ。

大都市とは異なる地方の切実なニーズがこういうところにあるのだ。

それにしても、大都市では民間事業者にできるだけ自由に事業展開してもらうことで様々な住民ニーズを充足することができるが、地方都市ではそうはいかない。このような公共交通をはじめ、医師確保、さらには大学誘致、はたまた山間地での携帯電話基地局整備など、地方だからこそ多額の公金投入が必要となる政策課題は多岐にわたる。

## 若者が定着する街に

「延岡新時代創生」というスローガンのもと、延岡市としては「雇用創出」、「移住・定住推進」、「結婚・出産・子育て支援」、「持続可能なまちづくり」という四つのプロジェクトに取り組んでいる。

地方創生の実現のためには、若い人たちが、「仕事がある」、「結婚・出産・子育てがしやすい」、「住んでいて楽しい」と思ってくれるような街にすることが大切だ。企業誘致、子育て拠点施設「こどもの城」の整備、カフェや読書空間を備えたＪＲ延岡駅前複合施設などをはじめ様々な取り組みを進めているが、各種事業個別の詳細はまた別の機会に譲りたい。ここでは、この分野において非常に気がかりなこと、また特に印象に残っていることなどについて記述しておくことにする。

まずは、子育て支援に関してだ。

小児医療の公費助成を小学校から中学校、さらには高校まで拡大させる自治体が増える中、県立延岡病院や小児科医院の先生方とも相談した結果、延岡市ではこれを抑制せざるを得ない状況が続いている。というのは、（後述するような）地域医療体制の脆弱さがある中で、例えば中学校卒業まで無償などということにしてしまえば、小児科や内科の医院の受診が極端に増えて小児医療が崩壊してしまいかねない危惧があるからだ。公費助成拡大に伴う受診患者数の大幅増加は他都市で過去に統計的にも確認されていて、延岡市医師会の先生方からの反対も強い。

ただし、一般的な通院と違って、入院する児童の医療費助成を拡大しても一人が同時に複数の病院に入院することはありえないので、延岡市ではまずはその段階的拡大を行っている。

その一方で、通院を対象にするのは小学校入学前までに制限しているのが実情だ。県北唯一の二次、三次医療拠点を市内に抱える延岡市としては責任ある対処の仕方であって致し方ないことと考えてはいるのだが、これは保護者の方々から子育てに優しくない自治体という烙印を押されても仕方がない状況でもあり、私としては忸怩たる思いでいる。

全国的には公費助成の拡大が当たり前のような環境になりつつあるので、早晩、延岡市としても通院についても対応を余儀無くされる日が来るだろう。そのためにも地域医療体制の拡充は待ったなしだ。

そんな課題はあるものの、子育て支援施策については今後のまちづくりの重要な柱としての取り組みを進めている。

さて、こうした子育てやあるいは雇用の場といった生活の根幹をなす部分で暮らしやすくすることと同時に、延岡の若い人たちが自分たちの街に自信と誇りを持ってくれるようになるのがとても重要なことだと私は思っている。「延岡大好き」という若者ももちろん多いのだが、「延岡には何もない」という、自身の故郷を卑下するような言葉を時折耳にするからだ。地方創生で人口のダム機能を街に持たせようと思っても、故郷に誇りと愛情を持てなければ、若者が大都市へ流出するのを止めることはできない。

実際にはこの地は多くの魅力に溢れているのだが、若者にはもっと刺激的なインパクトも必要だ。

そうした思いもあって、少々チャレンジングなイベントなども仕掛けてきた。その代表的なものが、東京ガールズコレクション（TGC）とエンジン01文化戦略会議オープンカレッジの開催誘致だった。

TGCはご承知かと思うが、有名モデルによるファッションショーと音楽フェスを合体させた、世界でも最先端の超都会的なイベントだ。これまではほとんど大都市でしか開催実績がなかったし、それもドーム球場など雨天時も心配のない会場ばかりだった。私が一度視察した代々木体育館も巨大な屋内空間で、そこはまさに若者が憧れる刺激的な空気に満ちていた。「これを延岡で開催できたらどんなに素晴らし

TGC

いことだろう」と感じて意を決した記憶がある。

延岡市には一万人以上が入場可能な屋内施設などあるはずもなく、陸上競技場を会場として提案した。そして、「中小地方都市である延岡市での屋外開催に成功したら、今後の全国展開のモデルにもなりますよ」と、苦し紛れのアピールを主催会社に繰り返し訴えた。

紆余曲折の末、誘致に成功したまでは良かったが、あとは好天を祈るしかない。その祈りが天に通じたか、開催日前日まで降っていた雨が上がり、当日は嘘のような青空になった。翌日からまた何日か続く雨となったのだから、本当に運が良かった。一万五千人が入場し、有名モデルやアーティストのパフォーマンスに会場が一体となってうねる様子を私はスタンドで眺めながら、鳥肌が立ち不覚にも涙がこみ上げてきたのを記憶している。「ついにこれが実現できた。延岡も捨てたもんじゃない」という思いだった。主催会社が「過去のどの大都市の会場よりも盛り上がりましたね」と評価してくれたのもいい思い出だ。

「エンジン01文化戦略会議」というのは、日本文化のさらなる深まりと広がりを目的に様々な分野の知名人が参集したボランティア集団で、その活動の最大のものが年に一度開催するオープンカレッジだ。

これも同様に、何年かかけて誘致にこぎつけたものの、これまでのほとんどは県庁所在地での開催だったので、一二万数千人の街で成功できるのかという不安はあった。しかしフタを開けてみると、大会委員長の料理評論家山本益博さんと副委員長の作家林真理子さんをはじめとする百人を超える著名文化人の講座や諸行事は大盛況。エンジンの会員から「これまでの大会で一番」という声を多く聞くことができた。

大会開催に先立って実行委員の方々が事前視察に何度かお越しになり、大会テーマが土地柄を込めて「たべる　のべる　のべおか」に決まったことも大きな意味を持つこととなった。延岡の「食」にスポットライトが当たり、その後の「東九州バスク化構想」、「エンジン02」、「のべおか国際食卓会議」などへと展開している。

さて、こうしたイベントの大成功によって、延岡の若い人たちの中に自分たちの住む街への自信と誇りがいくらかは芽生えたと思う。

実際、TGC開催前にネットでいろんな声が飛び交っていた。開催決定を喜ぶ声が大多数ではあったものの、中には、「TGCを延岡でやるなんて恥ずかしい。遠くから来てくれても延岡には何もないです。ごめんなさい」というような書き込みまであったのだ。それが、開催大成功の後にはこうした自虐的な書き込みは一切見られなくなった。

エンジン01オープンカレッジを起点とした「食」に関する取り組みも進んでいる。東九州

エンジン01

バスク化構想のもとで料理人部会や生産者部会が生まれ「のべおか本わさび革命」が勃発するなど、延岡の若手料理人や食材生産者の心意気が高まったことも嬉しい限りだ。

今進めているＪＲ延岡駅周辺整備、特にカフェ・市民活動・読書などをみんなが楽しめる複合施設によって延岡駅前にお洒落で刺激的な空間が生まれ、周辺に少なからず賑わいが戻って来る。それに、内藤記念館や野口記念館といったカルチャーゾーンの再整備を経て、いずれこのエリアに延岡城三階櫓《やぐら》の復元が実現する時も来るだろう。かつて城下町として栄えた歴史を皆が実感しつつ、誇りを持って暮らせる街として、成熟させていくことができるはずだ。

また、地方創生には大学の存在が重要ということも「増田レポート」では指摘されている。今や九州保健福祉大学の存在は地域にとって非常に大きいから、市の政策の柱の一つである「大学を生かしたまちづくり」を着実に進めることも重要だ。

宮崎県は一八歳からの県外流出が多く、それは全国的にも顕著な部類に入る。県内各地にいくつかの大学、短大などの高等教育機関があるのだが、少子化の荒波の中、大都市の大学にどうしても押され気味だ。

地方創生という意味でも、地元大学の卒業生には地元で就職してほしい。特に医療系人材の確保は、県内の医療体制の現状を考えれば最優先だ。宮崎大学医学部や県立看護大学、それに九州保健福祉大学などの卒業生に一人でも多く県内に留まってもらいたいものだ。

そのために卒業生に働きかけるということも必要だが、地元出身者が地元に残る確率が高いのは当然だから、まずは県内の高校生が県内大学にもっと進学してくれることが一番だろう。しかし、現実は厳しい。県内の高校生に大学の情報は浸透していないし、進路指導の先生にすら、県内大学のことはあまり知られていないようだ。ここはひとつ、宮崎県のリードにより県内全体で連携して取り組みを進めていってはどうだろうかと知事にも進言してきた。

無理に地元大学に進学せよとは言えないにしても、せめてこうした県内の大学の良い点を認識してもらうことは必要だ。例えば九州保健福祉大学の薬学部は、過去の実績を見ると国家試験合格率が全国でトップクラスなのだ。有名大学と違ってもともと成績のずば抜けた学生ばかりというわけではない入学生を、ここまで指導する教育力は素晴らしいと思う。地元で活用しないのはもったいない。

若者が定着しない街に未来はない。現状が厳しいからこそ、あの手この手の様々な知恵を絞っていくことが必要だ。

## 3 お金に対する感覚は？

### 行政とお金

公金について、まず大きな話から始めよう。

すでに借金が一〇〇〇兆円を超えた国の財政運営に関してはいろいろな議論があって、最近では、デフレ脱却のための新手法としてプリンストン大学のシムズ教授による「シムズ理論」が脚光を浴びた。これは財政出動を続ける一方、消費増税は延期することで意図的にインフレを起こそうというものだ。貨幣価値が下がれば、積み上がった政府債務をその分実質的にチャラにすることもできる。シムズ教授自身が言うように、「インフレとは、（預金者から最大の債務者である政府へ実質的に所得を移転させる意味で）税金」なのであって、インフレにより国債の価値が下落すれば過去の政府債務は軽減されるが、それを保有する国民にその分の損害を強いることになる。（ただし新規に発行する国債の利回りは大きくしなければならないので、そういう面では重荷も生まれるのだろうと思う）

シムズ教授はノーベル賞まで受賞した経済学の権威であり、その経済理論は非常に難解で、私にはとてもそれを読み解く能力はないが、それでも、到底まっとうな国家政策とは思えない。

壮大な経済理論といえば、数年前にフランスの経済学者トマ・ピケティの『21世紀の資本』がベストセラーとなり、日本国内でも当時は相当注目を集めたことを思い出す。この時ピケティの問題視した富や所得の格差拡大はその後もますます顕著になっているにもかかわらず、最近では誰もこの理論に触れることがないのはどうしてだろう。

ピケティの理論の最大のポイントは、r＞gという式で表せるという。つまり、過去の長い歴史における膨大なデータを分析した結果、資本収益率（r）が国民所得成長率（g）を上回る関係が続いていると指摘し、それゆえに富を持つ者と持たざる者との間で「必然的に格差は拡大する」ということを彼は説いた。

しかしそれでは社会が次第に不安定化するので、富（資産）への課税強化を国際的な協調の下で図るべきというのがピケティの処方箋だ。

私はこれこそ現代国際社会が混迷の度を深めている本質的な原因であり、またその対応策だと思うし、当時は世界中で共感の声が上がったと記憶するのだが、この処方箋が先進国の政策に反映されるような気配はその後も一向にない。

国際的な枠組みでそうした本質的な解としての経済・財政政策が進まず、逆にどの国も自国の目の前の課題に対して短絡的な（国民感情におもねった）対策で臨もうとしている風潮は残念だ。

さて、お金の問題について、地方自治というスタンスに戻って言えば、少なくとも日頃の歳費の取り扱いについては易きに流れず、しっかりとした考え方で臨みたいものだと思っている。

東京オリンピックの予算が膨れ上がっていったことが報道された際に、また森友学園が小学校用地として取得した土地の価格が大幅に値下げされた経緯が報道された際に、各方面から様々な苦言が呈された。こうしたことなどから、公務員の金銭感覚はズレていると見ている市民が相当おられるのではないだろうか。

少し実際の市の予算について見ていこう。

延岡市役所で取り扱うお金は、一般会計だけで見ても年間六〇〇億円ほどになる。そもそもこの数字自体、想像することすら難しいくらいだ。生活感覚からすると途方もない大金と言っていい。

だが、これが各部局ごと、各課ごと、さらに各係の個別事業予算へと細分化されていくと、結構窮屈な数字となり、現場では担当者が苦労して予算組みをしている。だから相当精査されていると考えてもらって良いのだが、それでも「使い方がおかしい」という批判は常にある。

その原因のひとつは、様々な事業にかかる費用の一部、あるいは全部が、国や県の補助金や交付金でまかなわれていることにあるのだと思う。具体例をあげよう。

延岡市では、「河童と人魚の延岡移住計画」というシティプロモーション事業を実施した。広告代理店に委託して、河童と人魚が水のきれいな延岡に移住してくる物語を実写版の動画として制作し、ネット上で発信するというものだ。

シュールな感じと市職員のとぼけた真面目さが面白いということで、全国ネットのテレビ番組に何度も取り上げられたり、有名雑誌にも紹介されたりと、結果は上々だった。しかしこの動画制作に約一四〇〇万円かけたことが、「そんなものに大金を使って」という批判を受けたのだ。

実はこの事業は、「地方創生」実現のための交付金を活用したものだった。「地方創生」の趣旨に沿った自治体の

河童と人魚のポスター

事業に対しては国が交付金をつけてくれるのだけれど、その使い道には厳しい制約がある。自治体の使いたいように使えるわけではないのだ。だから、国が「これならいいですよ」と言ってくれる事業を工夫して実施することになる。この「河童と人魚」はまさに国の例示した交付金用途にドンピシャのものだったから、事業費十分の十、つまり全額を国費でまかなうことができた。

「そんな動画に大金を使うより、もっと福祉を充実させてほしい」というような声があったのは確かなのだが、この一四〇〇万円を福祉分野で財源が不足している事業に使うなどということは不可能なのだ。この動画制作をやらなければ、その分、交付金も来ない。

担当者としては、「延岡市の懐は痛まないのだからとにかくバスに乗り遅れるな」といささか性急になってしまったきらいはあるだろう。しかし、それは市民の感覚がわかっていないからではない。むしろ本質は、国の誘導政策と市民の現実的なニーズとの間にギャップがあるということだ。

## 地方自治の原則

一般的には、住民に一番近い市町村が基本的な行政の仕事を行い、市町村の手に負えないことを県が、県の手に負えないことを国が受け持つという地方自治の原則があり、これを補完性の原理と言っている。

そうした基本に立ち返れば、地域の振興策などは国の誘導政策上のものとするのではなく、もっと自由度を高くすべきだと思う。そのほうが、市民の皮膚感覚に近い行政が可能になるはずだ。

逆の見方ができなくもないとは思う。市町村は住民と常に向き合っているから、現実的ニーズはよくわかる。そういう部分を当然に優先することになるから、長期的展望に立った事業などで目先の現実から離れてしまうものには日頃は予算が割きにくいという面もある。だから、こうした国の誘導ということも、「思い切ったことができる」という点で意味があるのかもしれない。

いずれにしても、市の職員にとっては、一般財源つまり自前のお金をできるだけ使わないことが財政面での最も大事なポイントなのだ。「河童と人魚」の例では一般財源はゼロだから、これは無理してでもやるべきだ、という感覚になる。

そして、こうした国庫から賄われるお金は非常に多岐にわたり複雑な構図となっている。補助率もまちまちだし、補助金、交付金以外に起債なども同様の効果を生み出すので形態も多様である。ちなみに起債とは借金をすることだが、自治体が自由に借金をすることは許されていない。原則として、橋をかけたり建物を作ったりという形で将来に資産が残る場合に限られている。その場合、国の制度に即したものであれば、借金の返済にあたって国が地方交付税で一定割合を肩代わりしてくれるという有利な仕組みもある。

いわゆる平成の大合併にあたって、市町村の合併の際にかなり大きな金額が許された合併特例債は、「対象事業費の九五パーセントにあたる金額の起債ができ、その返済の七〇パーセントについて国が交付税で負担してくれる」という大変ありがたい有利な借金だ。延岡市は北方町、北浦町との合併にあたって、総額二〇〇億円以上の特例債が許可された。

しかしながら、一般市民にこうした仕組みがよく知られているわけではない。予算が自前の財源なのか、国が出してくれるのか、だとすれば何割みてくれるのかなどということは普通わからないから、「市役所の予算は市民感覚と乖離している」というような批判につながっているように思う。

ここのところを多くの市民にわかってもらうのは至難の業だから、一般的には「市民を代表している議会にちゃんと理解してもらえれば、あとは市当局が責任を持って粛々と進める」ということになる。

しかし、市職員のほうとしても、はなっから説明をおろそかにしてしまうような認識ではいけないと思う。一事が万事ということもあるし、国や県の金ならどうせ市の腹は痛まないのだから、などと事業の組み立てを軽く考えてしまうことにもなりかねない。

行政サイドとしては、複雑多岐にわたる情報を（手間ひまかかっても）きちんと市民に公開して丁寧に説明するべきだ。そして、市民サイドとしては、その情報を自ら積極的に知ろうとする姿勢で受け止め咀嚼するのが望ましい。

まあともかく、市役所にとっては、お金に色がついていること（自前のお金と国や県などから補助してくれるお金とは意味合いが違うこと）が市民感覚とのズレを生む原因の一つなのかもしれないということだ。

ところで、先ほど述べた「河童と人魚の延岡移住計画」だが、これを含め、全国の相当多くの自治体がシティプロモーション動画制作で競争するような状況になってしまった。奇妙な状況と言えなくもない。このことにも、役所の思考パターンや国との関係などが透けて見える。少し説明しよう。

まず、役所はどうしても横並び意識が強く、他自治体での取り組みで成功した事例があれば、自分のまちに合わせてアレンジして実施する傾向がある。議会で「○○市ではこういう政策を実施して効果を上げている。当市でもやったらどうか」という質問が定番であることも、その背景にあるだろう。

また、国の交付金（この例では地方創生先行型交付金）などを獲得するにあたっては交付対象事業として国の認定を受けなければならず、短期間で計画をまとめることが求められる中、認定されやすい事業を盛り込もうという意識も働く。他自治体で交付対象事業として認められたものと同様の事業であれば計画の一つとして取り組みやすい。

つまり、地方創生という方向性を国が打ち出したのは素晴らしいことだと思うけれど、その取り組みの立案にあたっては中央集権のメカニズムが働いているという、笑えない冗談のようなことが起こっているのだ。

その結果、動画制作を請け負う広告代理店は大忙しで、またぞろ全国で金太郎飴のような（この比喩自体が化石的だと思いつつも）横並びの動画制作が展開されている。

こういうものは地域それぞれに個性があってこそ面白いのだ。それは何も動画の内容の個性ということばかりではない。ネット動画に着目する地域、特産品開発に精を出す地域、徹底して自然保護に取り組む地域、はたまた地域のＰＲなんかには目もくれず住民福祉政策に全力を挙げる地域があったっていい。それこそが本当の地域の個性だろうし、実際、どこもかしこもネット動画のシティプロモーションに励むこと自体が没個性的だ。

なぜこんなことになっているかというと、国が自らの権限を手放したくないから、そして国が地方を信用していないからだ。

お金の使い方を地方自治体の自由裁量に任せてしまうと、中にはかつての夕張市のように効果の薄いハコモノ行政に走ってしまい財政危機に陥るような自治体が出てくるから、計画づくりの段階から国が指導していこうという発想が根底にある。

地方創生の理想は、それぞれの地域が主体性を持ってまちづくりに取り組み、地域の誇りや自立性が培われること、そしてそこに生まれる地域の個性がまちの魅力となることだ。それでこそ住民が故郷を愛し、定住が確保されることにつながる。

お金の使い方の方向性が適切であるかどうかは、議会や選挙などを通して住民の判断に委ねられるのが地方自治の原則だろう。国家安全保障や外交、また自治の枠を超えた広域政策などは国が責任を持ってやるべきだが、まずは自治体で政策立案できることに関しては地域の自由度をもっと高めるほうが、結局は効率が良い。

先ほど述べた「補完性の原理」は地方自治の基本的な考え方の一つだ。

政策決定と実施などにあたっては、できるだけ住民に身近なところの順に、つまり、コミュニティ、市町村、都道府県、国というような順に優先権を持たせるべきという原則に沿った社会制度を志向することは欠かせないと思う。

## ふるさと納税

国の政策に触れたついでに、もう一つお金に関わる問題提起をしておこう。

ふるさと納税についてだ。

そもそもの話をすれば、東京一極集中とともに、特に首都圏と地方との間で著しく税収格差が開いてきたことを背景として、地方税の再分配についての見直しの必要性が議論になった。解決策として福井県の西川知事が「故郷寄付金控除」の提言をされたことから機運が高まって、現在のふるさと納税が実現したと理解している。

さて、延岡市は、ここを発祥の地とする旭化成を中核としながら、工業都市として発展した。その歴史を見ても痛切に感じることがある。

昔は、こうした大企業が地方都市にあれば、地域経済は確実に潤い発展した。雇用、税収、地場企業との取引など、様々な面で地域に恩恵がもたらされたものだ。今も恩恵は大きいが、昔と比べれば中核企業と地域経済とのリンクは格段に細くなってしまっている。

かつては、企業の発展に伴って全国各地に事業所が増えていっても、全体としては単一の会社組織形態であるのが普通だった。だが最近は、メーカーであれば地方の製造事業所を単なる製造委託拠点と位置づけ、そこを運営するのは別会社（子会社や孫会社など）としているケースが目につく。その製造会社は受託生産の経営が成り立つ程度の利益しか計上せず、親会社が全体として大きな利益を集約することになる。

親会社と子会社ではもちろん社員の賃金体系も違うのだが、こうした企業グループ内での組織分化が実は税収面でも地方に影を落としている。地方税である法人事業税や法人住民税はその会社の所得に応じて計算されるから、親会社のある東京においては多額の納税が発生する一方で、地方では子会社にかかる税額は少ない。会社組織の構造上、本来は地方で発生してしかるべき税が東京に集約されてしまっているのだ。

それがいかに不合理なのかは、例えば大規模自然災害などで各事業所が機能不全に陥ったらどうなるかと考えるとわかりやすいと思う。東京本社が被災しても、諸データのバックアップが保全されていて地方事業所での生産が継続されれば事業活動は成り立つが、その逆に、地方の製造拠点が被災して生産が止まったら事業はストップしてしまう。事業活動に対して課税されるのが原則と考えれば、東京本社に課税が集中するのはおかしい。

こうした実感を持つからこそ、私としても東京から地方への税移転が必要だと感じてきた。

こういった論調やふるさと納税制度に関して、かつての石原都知事は「東京からの収奪だ」と当時発言されたと記憶している。

しかしながら、先に述べたように、東京というエリアにおいてその税収に見合うだけの付加価値が実質的に生まれているのではないから、本当のところは、従来、東京が地方から収奪してきていたのだと言えるのではないだろうか。

東京が地方から収奪してきたものは他にもある。人材だ。

子供を育て上げるまでにかかる費用は家計の支出において最大のものの一つだろう。そして一般的には地方に行くほど合計特殊出生率は高い。地方が、そこで生まれた子どもたちに愛情とコストをかけて育て上げると、いずれその子は（優秀であるほど確率高く）都会で働くようになり、そこで付加価値（富）を生み出す。東京都における合計特殊出生率は全国最低だから、田舎で生まれ、田舎がコストをかけて育てた人材が東京経済を支えているという構図だ。

だから、この理不尽さを解消するためにも、あるいはこの人材供給を持続可能なものにするためにも、地方に財源をもっと移転すべきだと感じている。

ご承知のように、ふるさと納税とは、個人が自分の応援したい自治体に対して納税（実際は寄付）をすると、一定金額までは二〇〇〇円を差し引いた分が居住地の住民税や所得税の控除という形で戻ってくる仕組みだ。ここまでは故郷への思いを受け止める素晴らしい制度なのだが、問題はそのあとだ。

各自治体としてはこの制度によってより多くの寄付を受けようと、寄付額に応じたお礼の品を贈るようになった。しかもそれが次第に加熱して、制度の趣旨を逸脱するほどにまでなってしまった。さすがにこれはまずいと、換金性の高い商品券などは自粛するように総務省から通知が出されたが、過熱感は変わらない。そこで今年になって、返礼品の金額を寄付額の最大三割までとされたが、それで果たして本来の趣旨に沿うものになるだろうか。

まず、従来の制度の問題点を三つほど挙げたい。

①「どこに寄付するのが最もお得か」を指南する雑誌記事がたくさん書かれ、返礼品をまとめた本も多く出版されたように、本来の目的である「故郷への思いなど、応援したい自治体への心のこもった寄付」という部分が抜け落ちてしまって、「自分が得するために寄付をする」という様相を呈してきたこと。

②控除の枠を多く取れる高額所得者ほど余計に得をすること。

③ふるさと納税が行われても日本社会全体での納税額は（二〇〇〇円分を除けば）変わらないため、これはいわばゼロサムゲームであって、全国各地の自治体の苦労や出費に見合う付加価値が国内に新たに生まれるわけではない。つまりこの制度は、日本全体としての観点から言えば、まわり回って税金の予定外の使い途を増やしてしまったに過ぎないこと。

もちろん、この制度によって大きな成果を上げている自治体はあるし、中には地域で消えかけていた特産物が息を吹き返したというような事例もあるのだから、一定の「功」はあるのだが、上記のような「罪」を考えれば、功罪相半ばというよりもやはりマイナスの方が大きいと言わざるをえない。

もっと言えば、この特産品振興についても、ふるさと納税制度という特殊な環境下ではいわばガラパゴス的な取り組みになってしまって、通常の市場環境での成果にはつながりにくい。ふるさと納税制度が廃止された途端に一挙にしぼんでしまいかねないような地場産業振興策ではむしろ懸念が大きい。

次に、「最大三割まで」というルールを徹底すれば本来の目的に叶う状況になるかという点についてだ。従来と比べれば返礼率が半分以下になる自治体もあるだろうから、大きな規制がかかったようにも感じるが、もともとが法外に大きすぎたのだ。これだけ金利水準が低い経済環境だから、三割であっても「得をするため」に寄付をする人は多いだろう。もともとこの制度は「気持ち」をお金に置き換えるものだったはずで、「得をするため」という動機をあおるような要素は極力排除すべきだと思う。

少々乱暴な例えだが、商品を販売するときにおまけで釣るという手法はよく用いられている。その分野では、過大な景品等の提供は景品表示法で禁止されていて、最大二〇パーセントまでということのほか、様々な制約がある。分野は違うものの、「本質を歪めない」という考え方のもとで、同様にもっと厳格な制限を課してしかるべきだと思う。

ふるさと納税制度があろうとなかろうと、自治体としては、物産振興に向けての努力や故郷への思いを受け止める仕組みを作る努力が求められる。いずれにしても、頑張らねばならないことだけは確かだ。

さて、ここまでは評論家的なもの言いをしてきたが、「では、自治体のトップとしてどうふるさと納税制度に向き合うのか」という形で突きつけられる現実の問題はさらに悩ましい。先ほど述べたように、これは税金を返礼品というものに置き換えてばらまくような側面があるので、他のバラマキ政策同様、一般の人々からの評判は良い。そんな中で他の自治体が高収入を上げているのであれば、「他市と比べて努力が足りない」と批判の声が上がるのは必然だから、市長としては、「制度が良くないからやりません」とは言えない。市長は国民全体でなく市民に対して責任を負っているのであって、制度がおかしいからといって市民の利益になることをみすみす放棄できないのだ。

結局のところ、延岡市としては「地元の物産などをPRするため」と割り切って競争に参加している。しかし、これには自分としては忸怩《じくじ》たる思いもあるので、先述のような状況を踏まえて、GCF（ガバメント・クラウド・ファンディング＝市が具体的なプロジェクトを掲げてそこへの資金を募る形態）のような新しい手法も含めた検討を指示しているところだ。

## 公のもの・私のもの

### 行財政改革にどう取り組むか

（06年11月10日）

皆さんおはようございます。市長の首藤です。

一〇月二三日に行財政改革推進委員会から本市の行財政改革について答申をいただき、それを受けて行財政改革推進本部として行財政改革大綱を策定し、同時に実施計画と財政健全化計画を策定しました。

話は少し本論から外れますが、現代は公共心というものが非常に薄くなっている時代だと言われます。私たちは公共の仕事に携わる身ですから、こうした公の精神というものについては、一般の方々以上にしっかりと持っていなければならないと思います。

では、公の精神とはどういうものなのか。

よく、街をもっときれいにしましょうとか、ゴミをみんなで拾いましょうという活動が行われますが、それ以前の問題として、公の空間を汚す人がこんなにも多いのは残念なことです。自分の車の中ではスリッパに履き替えるくらいに非常にきれいにしているのに、車の外には窓から平気でタバコの吸殻や空き缶を捨てたりする人さえ、時おり目に付きます。車の中をきれいするという感覚と、窓の外に吸殻などを捨てて平然としている感覚とのギャップは何なのかということについて、あるシンポジウムで話題になったことがあります。

医師で登山家の今井道子さんが、「そういう人は、空間の認識の仕方が違うのではないか。自分の車の中は自分自身の空間だけれど、車外は他人の空間だという感覚を持ってしまっているのだろう。つまり、自分の空間、他人の空間という峻別を無意識のうちにしているからではないだろうか」と分析していました。

この話は示唆に富んでいます。

公の空間を自分自身の空間と思えば大事にするし、他人の空間と思えば粗末にするということであるならば、問題は「公の空間は他人のものではなくて、自分のものでもあるんだ」という感覚を持つことができるかどうかだということです。

このことは、ある意味ではお金についても同様であろうと思います。自分のお金と思えば大事にするが、他人のお金と思えば、ともすれば粗末な使い方をしがちであるということも、人間の心理としてあるのではないかということなのです。

自分たちが年間数百億円というお金を預かりながら運営していくことについて、「私たちが扱っているのは公共のお金である」ということをあらためて認識する必要があると思います。そして、それを自分自身のお金と同様に感ずることが出来れば、おのずと仕事の仕方も変わります。

いわゆるお役所仕事というものへの批判として、「自分の金ならもっと違う使い方をするのではないか」と市民から指摘されることがあります。例えば、昔は、道路舗装の工事をした後、あまり日にちも経たぬうちに同じ所を水道工事で掘り返すなどということがありましたが、もしこれが自分の家の庭の工事であれば、「予算が違うから」とか「担当課が違うから」とは言わずに、どうすれば一番効率的かということを考えながら一回にまとめて工事を行うのが普通です。自分のお金は粗末にしません。

繰り返しますが、「公共の空間は自分自身の空間でもある」また、「公のお金は自分自身のお金と同じ感覚で扱うべきだ」という意識を持つことが重要です。これが、普通の市民の目線に沿った、当たり前の金銭感覚に根ざす仕事のありようです。このことを原点として財政健全化に取り組んでほしいと考えます。

金銭感覚について、少し別の観点からも触れておきたいと思います。企業であれば、その会社が社会に生み出す付加価値がその会社の享受できる利益とイコールということになると思いますし、会社の社員であれば、その社員が会社に対して提供する付加価値がその社員の給料とイコールであるべきという考えも成り立ちます。

給料については、例えば「生活給」という側面からの捉え方もありますので、上記のような考え方が一〇〇パーセント望ましいとは言いませんが、世間の金銭感覚に即して言えば、「対価としてのお金」という考え方がやはり一般的であろうと思います。

であれば、私たちは、自分自身は給料に見合うだけの仕事をしているだろうかということを折に触れ省みる必要があります。仕事に対する厳しさを持たねばならないということの原点はこのようなところにもあります。

ところで、今回の行財政改革大綱は、市民の代表による行財政改革推進委員会の意見を受けての計画であり、取組項目五一項目、職員の削減目標として一二〇名を掲げており、経費についても約九億円の節減効果を目標にしています。

過去、第四次までにわたって行政改革に取り組み、職員の皆さんのご協力をいただきながら相応の成果を挙げることが出来ました。

今回の第五次行財政改革は、このような様々な成果を実現した後の取り組みでもあるため非常にハードルの高い目標設定だとは思いますが、延岡市の将来を展望するにあたっては絶対に避けて通れないものです。その取り組みにあたっては職員の皆さんにも大きなご苦労があるものと思いますが、私たちは不退転の決意で臨まなければなりません。皆さんには、財政健全化に対する強い意志をしっかり持ってほしいと思います。これからも職員の皆さんのご協力をいただきながら、市役所全体の気持ちを一つにして取り組んでいきたいと考えています。

ひとつの寓話を紹介します。

ある所で三人のレンガ職人が並んでレンガを積んでいました。そこを通りかかった人がその職人に何をしているのか尋ねたところ、最初の職人は「レンガを積んでいるんだ」と答えました。二番目の職人は「レンガを積んで壁を作っているんだ」と答えました。三番目の職人は「レンガを積んで壁を作り、家を建てているんだ」と答えました。

これは、やっている仕事は同じでも、それぞれの職人の考え方次第で答えが違ってくるということですが、家を造るのだという意識を持ってレンガを積む職人の仕事には、きっと魂がこもっていることでしょう。

各人が担当する一つ一つの行財政改革の取り組みの向こうには素晴らしい将来があるのです。行財政改革の実現に向けては、全職員がそのような次元の高い共通の認識を持って、自らのこととして取り組んでほしいと思います。現在は、非常に厳しくつらい時期ではありますが、これを乗り越えることによって、五年先、一〇年先には明るい延岡市の展望が開けると確信しています。

## ハコモノは無駄遣いか

地方自治体の無駄遣いの代表として、しばしば「ハコモノ」という表現を目にすることがある。

この「ハコモノ」という言葉自体にネガティブな色がついていて、「首長が自己の実績を誇示するためとか建設業者に仕事をまわすために、たいして必要でもない施設を無理して作ること」というような意味を帯びた表現に使われることが多い。

しかし、以前の延岡市にとっては、どうしても必要な箱物がいくつかあった。清掃工場、火葬場、ゴミ最終処分場、消防庁舎、市庁舎などだ。いずれも老朽化が甚だしくて、いつ大きなトラブルになるかわからない状況にあった。最初の三つの生活関連施設は俗に迷惑施設と呼ばれ、建設事業を進めようとすると、ともすれば強烈な反対運動が起こり紛糾する恐れがあるものだ。「迷惑」という意味は、これらの施設が英語ではＮＩＭＢＹ（ニンビー：Not In My BackYard）と表現されることからもわかると思う。「我が家の裏にはお断り」ということだ。

すっかり老朽化したこれらの施設をヒヤヒヤしながら使っていたのに更新は先送りされてきていて、もうこれ以上は持たない状況だった。これらを一気にやることにしたのだが、それにあたっては「覚悟」と「財源」が必要だった。

のちに、市役所生活の長い杉本副市長から、「もしも市長が行政出身者だったら、あの三つの『迷惑施設』を立て続けに整備するなんて絶対に言わなかったでしょうね」と言われた。結果論的には行政経験がないことが幸いしたということかもしれないが、私としては「必要なものはこちらから頭を下げてでも作らなきゃいかん」という信念で進めたつもりだ。

それぞれの施設について地元の反対はあったものの、職員が粘り強く誠意ある進め方をしてくれたおかげでなんとか御理解をいただくことができ、大きなトラブルもなく整備ができた。「迷惑施設」とはいかにも人聞きが悪いが、実際には昔と違って地元に迷惑のかかるような施設ではなく、最先端の設備を導入し景観にも配慮したものになっていて、アクセス道路などの整備でむしろ周辺地域全体の価値を高めている。

市庁舎の建て替えにも総事業費約八五億円をつぎ込んだ。その決定をした頃には一部に批判的な声もあった。県外の他市で庁舎建て替え計画撤回を公約に当選した市長が、耐震化工事により建物の延命化を図って賞賛された例もあり、それは時代の雰囲気だった気がする。

だが、東日本大震災で古い庁舎が被災によって無残な姿を晒し、復興の足かせになったことが報道された途端に風向きが変わった。万一を考えると防災拠点となる庁舎は重要だという空気に一変したのだ。

公金をどう使うか、市民の意向に沿うことも大切だが、こうした風向きの変化に判断を左右されるのでなく、責任ある立場としてどんなポリシーで意思決定するかという信念を持つことはさらに重要だ。

ともかく、「覚悟」はそうやって自分が腹をくくりさえすればいいのだけれど、「財源」については、三位一体改革などでより厳しい状況になってきていた。ただ、三町と合併したことで合併特例債が使えるのは大きな救いとなった。これがなければ整備はもっとスローダウンしていたことだろう。

中長期的には合併特例債だけに頼っているわけにはいかない。行財政改革をさらに進めるべく、このメッセージの頃から第五次行財政改革がスタートした。

# 4 行財政改革

## 行財政改革の成果

私が最初に市長選挙に立候補を表明した頃、知人の会社経営者と飲み屋で話をしていたら、彼が皮肉っぽくこんなことを言った。

「市長に当選するのは簡単だ。市役所の職員数を半分にしますといえばいい」

いっしょにいた友人も「そうだそうだ」と合いの手を入れる。

この言葉が意味することは、①市役所の職員は仕事をしていない、②それが許されるくらい市役所組織は身内に甘い、③その割には高い給料を特権的にもらっている、④市民の多くがそう思っている、ということだろう。当時、多くの市民がそうした感覚で市役所を見ていたことは確かだ。「職員数を半分に」などというのは極端すぎるが、私としてもある程度は同感だったし、こうしたことにもっとメスを入れねばならないと感じていた。

実はその昔、延岡市役所はラスパイレス指数が一二六・八という時代（昭和五〇年頃）があった。簡単に言えば、国家公務員と比べて約二七パーセントも給料が高かったということだ。旭化成の事業発展に伴って税収も大きく伸び、年を追うごとに人口が増え、市内が活気に満ちていて、延岡市の財政も豊かで（地方交付税を受けない）不交付団体だった時代だ。「高給取り」という市役所職員に対するイメージはいまだに市民の中に残っている。

選挙にあたっては五つの大項目にくくったマニフェストをまとめたのだが、その筆頭に掲げた項目が「行政改革」（その後、「行財政改革」と表現することにした）だった。

行財政改革というのは職員数と人件費の削減だけを意味するものではないが、これらは象徴的指標と目されてきた。この象徴的な数字において成果を上げることが重要だと、私としては感じていたのだ。

合併した旧三町も含めると、職員総数は当時（平成一八年度当初）一四〇七名。私が就任してからの第五次行財政改革（五年間）以降の取り組みの結果、現在（平成二九年度当初）はそれが一一七二名となった。この間の減員数は二三五名ということになる。昭和六〇年に第一次行財政改革が開始されて回を重ねながら今に至っているが、この一〇年余りで格段に職員数と人件費の削減を進めることができたと胸を張れると思う。

しかしながら、正直に言えば、延岡市の単位人口当たり職員数は、今となっても全国の類似都市（人口一〇〜一五万人で産業構造が似ている三四都市）の中で一番多い部類から抜け出せていない。理由はいろいろあって、類似都市の中で延岡市はダントツで市の面積が一番広いということもある。大阪府の大東市や松原市などと比べると、人口はほぼ同じなのに面積は約五〇倍だ。だから単純に比較はできないのだが、今後もさらに職員数の適正化を進めるべきという指摘があることは事実だ。

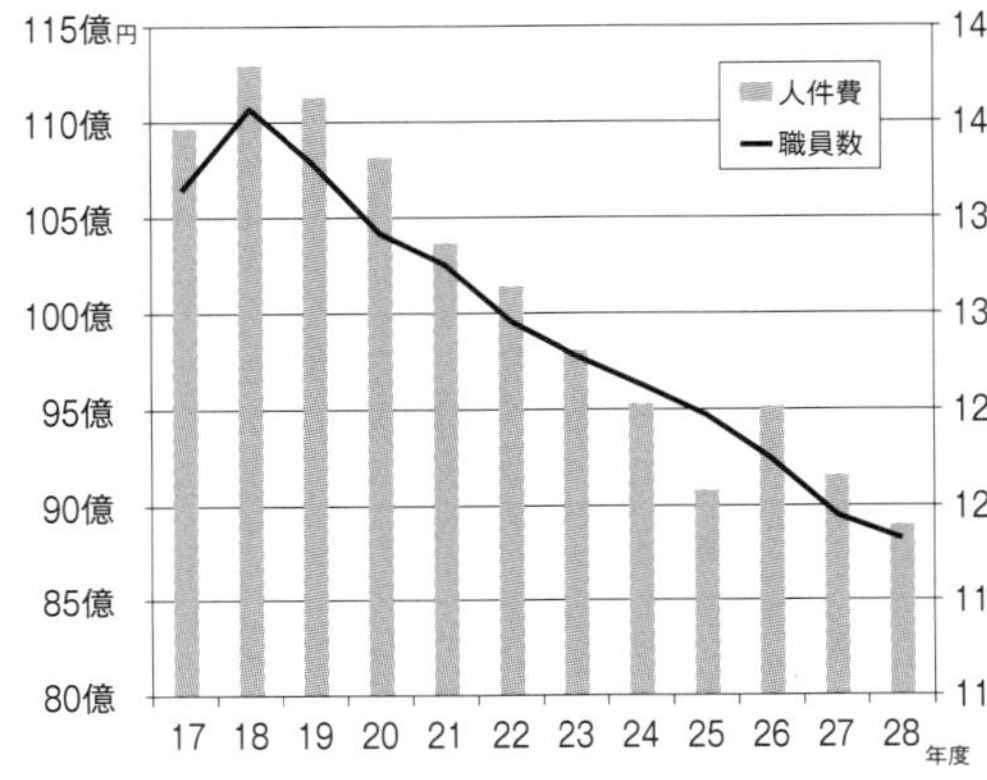


延岡市の職員数と人件費の推移

地方公務員の給与については、平成一八年以降の給与構造見直し（国家公務員の給与制度を基本としつつ民間の給与水準を考慮して決定するというもの）によってかなり改革が進んできたが、法律で「職務給の原則」や「均衡の原則」に則って定めなければならないとされていて、個別自治体の自由度は実態としてはあまり高くない。私としては「頑張るものが相応に報われる給与制度」にしたいと思ってきたのだが、なかなか思うようにいかないのが歯がゆいところだ。いずれにしても、現在の延岡市の給与制度が最善かと言えばそうでもないので、市民の感覚と働く者の側の感覚の両面に根ざしつつ、改革の取り組みは今後も続けていかねばならない。

こうしたことなどを含め、あらためて全体を概観すると、私は、延岡市役所の取り組むべき行財政改革は以前とは次元の違う段階に来ていると思う。

行財政改革イコール人件費などの経費削減といった短絡的な図式の段階は過ぎた。もちろんこれまでも、行財政改革の切り口には生産性向上や仕事への取り組み姿勢の改革を含めてやってきてはいるのだが、今後はさらにその視点からの取り組みが重要であると思う。究極のテーマは組織風土の改革だ。その点では、これまでにすでに一定の成果を上げてきているので、これをさらに進めていくことが市民にとっての利益になる。

では、その「一定の成果」が実際の現場においてどんな形で生まれてきているのか、実例で紹介しよう。

## 市民課窓口がなぜ好評を得たか

延岡市役所の新庁舎は平成二八年一一月にグランドオープンした。旧庁舎からの移転に合わせて市民課や国民健康保険課などの窓口業務の大幅刷新を進め、現在は大変好評をいただいている。

建物の整備に伴って実施したのは、証明発行専用窓口の新設や案内表示の改善、呼び出しシステムの導入などだ。証明発行専用窓口によって単純な証明書発行業務などは瞬時に行える体制となったし、呼び出しシステムは受付整理券の番号を大型ディスプレイに表示するためわかりやすく、またどのくらい混雑しているかを職員側でも数字で把握できるようになった。マイナンバー制度のスタートなどで業務量が増える中、こうしたＩＣＴ機器などのハード整備で仕事の流れは大きく変わった。

これらが好評の要因かというと、実はそれだけではなくて、もっと大きな理由が人的な面にある。

旧庁舎の頃と比べて市民課全体の人数は変わらないのだが、管理係や記録係の人員を若干削って窓口係の人数を増やしフロアマネージャーに充てたことが、来庁者の利便性向上に大きく寄与したようだ。ちょっとまごついている来庁者にはすかさず腕章をつけたフロアマネージャーが声をかけてご案内している。また、一二時から午後一時までの窓口対応を延岡市では「昼窓《ひるまど》」と呼んでいるのだが、これについて従来は二シフト制で行っていたのを三シフト制にした。つまり、以前は市民課の二分の一の職員が昼窓対応をしていたところを、新体制では三分の二に増強したということだ。昔と違って昼窓が浸透してきた現在では、通常業務時間に近い来庁者があるのだが、それにも十分に対応できる人員体制になった。

強調したいのは、こうした三シフト制への変更などを、職員からの発案で実施したという点だ。昼休みというのは毎日決まった時間に取りたいと思うのが人情なのだろうが、昼休みが混雑してきた状況を見て、現場の職員からこのような提案が出てきたというのは素晴らしいと思う。

先ほど述べたラスパイレス指数については、給与制度の見直しと給与水準の適正化を進めてきた結果、近年は一〇一未満となっている。国家公務員と比べて零・数パーセントは高めという数字ではあるが、実際には、延岡市を含め全国の自治体で数値以上に給与水準の適正化は進んだ。比較対象となる国家公務員の給与制度について言えば、広域異動手当が最長三年間支給されるような仕組みがあり、また地域手当が拡充されたことなどから、ラスパイレス指数が地方にとって実質以上に大きい数値となりやすい傾向はある。

こうしたことを含めて考えれば、延岡市役所職員は、(地場企業の給与水準と比べればまだ恵まれてはいるにしても)待遇が順次切り下

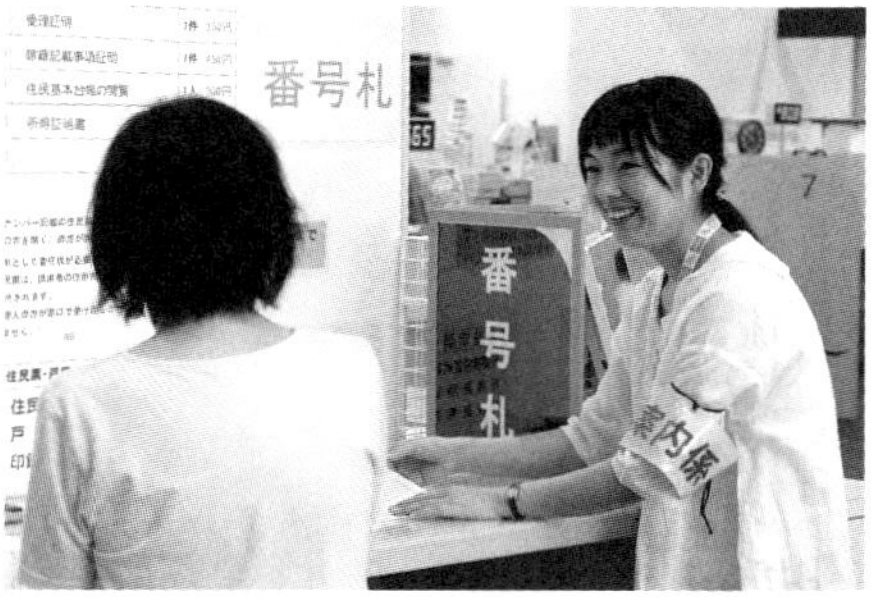

市民課の窓口

げられる中で逆にモチベーションを高め、知恵を出して仕事をしてくれているわけだ。これはもっと市民から褒められてしかるべきことだと思う。組織風土の改革こそが究極のテーマであって、それが市民の利益になるというのはこういうことだ。

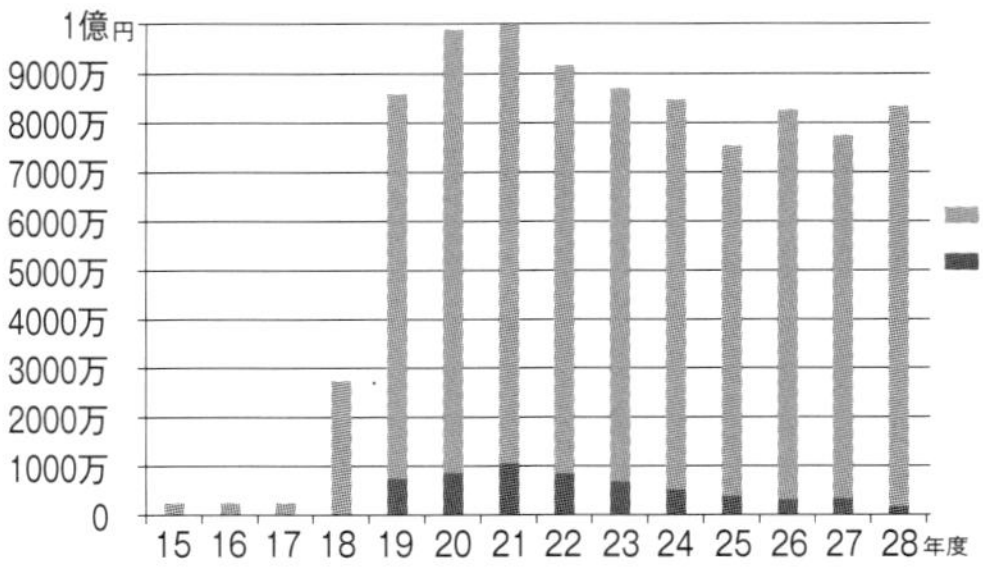


延岡市の年間預金利息推移

## 会計課がなぜ「稼げる」組織になったか

また、会計課でも同様に、自らの意識を変えることによって大きな成果を上げることに成功した事例がある。

市役所というのは毎年大きなお金を扱う。そのなかで、起債という借金もするが、お金を金融機関に預けておく時もある。それによる年間の受け取り利息が年間二〇〇〜三〇〇万円程度というのが、以前は普通だった。利息がほとんどつかなくてもあまり考えずに預けっぱなし、というのもよくあることだったようだ。

それが、会計課のある職員の発想から、預け入れる必要が生じた都度、金融機関から金利の見積りを取って一番有利なところへ預金するというようなオペレーションを頻繁に行うようになった。金利水準が年々低下していく中にあっても、運用を国債にまで拡大することなどで、このところの運用益は年間八〇〇〇万円前後という高水準にある。しかも、最初にこういうことを始めた職員が定年退職した後も、市の取り組み姿勢は変わらない。最初の職員の発想が次第に会計課全体の仕事への姿勢に浸透し、いわば組織風土が変わったのだ。

これによって給料やボーナスが増えるわけでもないのだから、面倒な仕事を増やすことには本人だけでなく周囲の抵抗も大きかったに違いない。それに事務量が増えて手続きが煩雑になれば、事務処理ミスの発生確率も高まると心配するのが自然だ。それでもこのチャレンジをやろうという決断をしてくれたのだ。

昔はこういう新しいチャレンジをすることに日が当たらなかった。私としては、本当はこういう努力を給与等に反映できる制度にしたかったのだが、公務員給与の仕組みの大枠というのは全国的につながる巨大なものなので、延岡市役所というレベルで舵を切ろうとしてもそうすぐには方向転換できない。私に今できるのはこうしたチャレンジを褒めて全庁的に奨励するということくらいなのだが、それでも歴代の会計課の職員はやる気を持ってよく頑張ってくれた。

市長として、市役所の仕事の成果の最大化を図ることが私の務めだ。そのためにトップダウンで命令する場合もあれば、こうしたケースのように現場からのボトムアップで物事が動いていく場合もあるのだが、世間で注目されるのはほとんど前者の話題ばかりだ。

確かに政治判断が必要な大きなテーマ、つまり東京都における豊洲移転問題とかオリンピック会場整備問題のようなテーマについてはトップダウンの意味合いは大きい。だからどうしてもこうした劇場型の場面ばかりが報道されることになる。

ただ、役所の仕事全体の中で、もっと地味な仕事のほうが圧倒的に多いし、その一つひとつにまで首長の目が届くはずもない。だからこそ、現場がみずから仕事を改善改革するくらいの姿勢で主体的に動く組織になることがいかに重要か、私は身にしみて感じている。そういう意味で、この市民課や会計課の自律的な仕事ぶりは本当にうれしい。組織風土改革の良い事例として全庁的な模範とし、さらにこうしたことを積み重ねて組織文化としていかねばならない。数ある部署の中でも地味な仕事の典型といえるこの二課ですらこうなのだから、まちづくりや産業振興を担当する部署においては、意識の持ち方はさらに重要だ。

## 「三位一体改革」のツケ

## シーリングからゼロベースへ

（06年10月6日）

皆さんおはようございます。市長の首藤です。

飲酒運転及びそれに起因する事故が全国であいも変わらず発生しており、警察官までも飲酒運転で検挙されるなど大きく報道されているところです。前回も触れましたが、私たち延岡市職員も身を正し、決して飲酒運転はしないという意識を改めて徹底しましょう。

竜巻被害については、市内は少し落ち着きを取り戻しつつあるようです。

前回のメールにも書きましたが、市の素早い対応に対して、その後も市民の方々から多くの感謝の声が寄せられています。職員の皆さんには本当によくやっていただきました。ご苦労様です。

今回の竜巻は全国でも例を見ない規模のもので大変な被害を生みましたが、多くのボランティアが全国から集まって来ていただいたおかげで非常に速やかに復旧作業が進みました。いわゆる自助、共助、公助という防災への取り組みの中でも、こうした「共助」の力のすごさを再認識したところです。

また、「市民と行政との協働・パートナーシップ」ということをまちづくり懇談会で私からよくお話ししていますが、九月三〇日に山下新天街で行われたイベント「がんばろうや延岡!!」には敬服しました。被災した若手商店主が「やろう!」と言って始まったこの市民主導の災害復興イベントを、行政を含め多くの組織団体がサポートして大盛況となり、たくさんの人出でにぎわいました。

ここにも、これからのまちづくりのモデルとなる姿があります。

ところで、財政健全化について触れておきたいと思います。

財政改革にあたってよく実施される手法に「シーリング方式」があり、行政では特によく用いられています。しかし、こうしたアプローチが一番良いのかというと、疑問が残ります。

「シーリング方式」は、前例主義意識、横並び意識の産物と言えるでしょう。一律に歳出を削減するというその発想は、予算を「節約」するという域を出ないと思います。これから財政健全化に臨むに際しては、「シーリング方式」から、「ゼロベース方式」に転換し、意識の面でも「節約」からまさに「改革」へと思考転換を目指すべきだと考えています。

「ゼロベース方式」による発想とは、その一つ一つの事業につい

がんばろうや延岡!!

て、そもそも必要な事業なのか、民営化できないか、民間委託ができないか、という基本的なところから見直して考えるということです。この発想法に関して、以前、イギリスが英国病を克服した時の話をしましたが、日本政府においてもそれに倣って独立行政法人化などが実現した経緯があります。

この際、一つ一つの事業を白紙の状態（ゼロベース）から見直す機会としてほしいと思っています。「改革」という位置付けで、財政健全化に取り組んでいただくことを望みます。

また、歳入の面でもぜひ見直しを進めていただきたいと考えています。議会でも下水道使用料の引き上げを求める意見が出されたり、公的スペースへの広告などの収入の道はないかと問われるなど、論議が高まっているところでもあります。

財政が厳しい中で、ともすれば、市民の様々な要望に対して我々は守りの姿勢を取りがちになります。腰が引けて、「財政が厳しいからしようがない」一辺倒ではあまりに芸がありません。「金は無いが、共に知恵を出し合って解決しよう」という方向で市民と接していただければありがたいと思います。難しい面はあるでしょうが、財政が厳しいからといって萎縮することなく、知恵を絞っていただきたいと思っています。

当時の小泉政権により、「三位一体の改革」と称して、国庫補助負担金改革・地方交付税の見直し・税源移譲が一体的に進められることとなった。

年度によっても違うが、国と地方の総歳出額の比率はおおむね四：六であるのに対して、国税と地方税の比率は六：四だ。つまり、国は一年間に必要な額の一・五倍を国税として徴収し、そのぶん地方の固有の税収は抑制されている。その差額は国が地方交付税などの形で自治体に分け与える仕組みになっていて、この金額算定には国の政策誘導も加味されてきたから、そこに中央集権の仕掛けがあるのだ。

三位一体の改革とは、簡単に言えば国の財政悪化に歯止めをかけるため、「地方のことは地方で」という旗印のもと、国から地方へ配るお金を減らすことと国税の一部を地方固有の税源にすることが一体的に進められることになったということだ。

「官から民へ」、「中央から地方へ」という掛け声は新しい時代の到来を期待させるものだったが、結果的には減らされた金額の方が増えた金額よりずっと大きかったために、地方財政は一気に厳しさが増していった。

## 財政縮減の中でもひと工夫を

# 日々是新

（06年12月12日）

皆さんこんにちは。市長の首藤です。

官製談合問題に関しては、宮崎県に限らず全国の数カ所で同じようなことが起こっていますし、裏金の問題等々も出てきております。私たちは、これを機会に自分たちの仕事の仕方をいま一度見直してみましょう。

旧北浦町の公金横領事件についても監査委員による監査結果の報告が出ていますが、職員個人の犯罪ではあるものの組織としてのチェック機能の不足も指摘されていますし、管理監督者の管理責任についても言及されています。

一人ひとりの法令遵守の精神を高めていかねばならないのはもちろんですが、組織としてどのようにコンプライアンスを確保するかということも、それぞれの部局あるいは課、係ごとにチェックしていただきたいと思います。ついでに言えば、コンプライアンスに関しては、「法令」のみならず、「倫理観」や「社会通念」に照らしても誤りのない行動が求められているとご理解いただきたいと考えています。

以前に京都清水寺の森清範貫主から、御著書に「日々是新」と揮毫していただきました。私たちは日常生活の中で無意識のうちに色々な行動を取っていますが、この日常の無意識的な習慣というものは圧倒的な力を持っています。これを日々見つめ直し改めることは非常に難しく、ともすれば埋没してしまいそうになる「日常」に打ち克つのは並大抵のものでないと知るべきでしょう。

習慣と化している思い込みがあると、それが本来であれば原理原則に反するものであっても、そこから抜け出るには大きなエネルギーが必要になります。例えば、上司から言われたら法を逸脱することであっても従わねばならないという思い込みがあるとすれば、それを打破する理性と精神力を私たちは持たなければならないのだと思います。

さて、先日、新清掃工場の入札が行われましたが、予算的にはかなりの節約ができました。この入札については、様々な見方があります。低価格であるために、工事品質についての危惧を持つ方もいらっしゃるようです。

しかし、どういう金額で落札したかということと契約の内容とは互いに独立したものであり、どのような金額であっても、契約内容はしっかりと履行してもらわなければなりません。しっかりした管理のもとに良いものを造ってもらうのは当然のことだろうと思います。

また、地元業者へのしわ寄せを心配する声もありますが、乙型ＪＶという形態を取ったことでそうした影響も最小限にとどまるのではないかと考えています。

一方で延岡市の現状を見ると、なるべく早い時期に手を付けていかなければならない公共事業が山積しており、合併特例債はいくらでも使い道があります。借金が増えることを嫌って事業を抑制するという考え方もありますが、いろいろな面で整備の遅れている延岡市ではそんな悠長なことは言っておれません。合併特例債の枠はできるだけフルに有効活用していきたいと考えているところです。今回清掃工場で節約できた枠を使って他の事業に早く手を付けることができるようになるわけですから、市民の皆さんや地元の業者の皆さんにとってみれば、大変喜ばしいことではないでしょうか。

そうした中で現在、来年度予算の編成作業が進んでいますが、財政事情の厳しさから、なかなか新規の事業がやれないという状況が出てきています。現在の財政状況の中では将来の夢を描けないと感じている職員も多いかも知れません。

しかし、ここが我慢の時です。気を落とさずに、現実的な形で将来計画をどう組むのかということに知恵を絞っていただきたいと思います。

各部単位で、ある意味では事業部的な感覚を持って、数年先までの計画を立ててみてください。ギリギリの予算を前提として、取捨選択をしながらどのようにして将来に向けて夢のある計画を立てるかというところが知恵の見せ所です。

足元だけを見れば、大変厳しい現実の前にうつむきがちになりますが、前述のような数十億の原資だって生まれてきています。これからの第五次行財政改革の成果ともあわせて、我々延岡市民の将来の夢へとつなぎましょう。

このメッセージは、宮崎県発注の橋梁設計業務の官製談合事件によって宮崎県知事逮捕という激震が走った直後に書いたものだ。この少し前に、同じく官製談合で福島県や和歌山県の知事が逮捕されるという事態が相次いでいたから、「宮崎でもか」と、県民は少なからずショックを受けた。当時、北浦町の職員による合併前の公金横領事件も発覚していた。公金横領は論外としても、官製談合事件がこんなに続くということは、行政と業界の体質の問題と考えた方が良い。知事だけでなく他の県幹部も逮捕されたのだから、行政内部の常識が世間一般の常識からズレていた面があるのだろう。

こうした背景もあって、当時は入札の際の最低制限価格をかなり低く設定していたと思う。その結果、新清掃工場の落札価格が予定価格よりも相当安くなったので、「工事の品質は大丈夫か」という声が議会筋から上がった記憶がある。

東国原知事の時代には、県発注工事は予定価格二五〇〇万円以上はすべて一般競争入札にするなど競争性を高める改革を一気に推し進めたのだが、建設業者の倒産が相次ぐなどの事態となり、最低制限価格も段階的に高く設定されるようになっていった。延岡市としては基本的に県の制度と一定の整合を取るようにしているので、市発注工事の入札制度も同様の経過をたどった。

また、文中、「乙型ＪＶ」といわれても一般の方はピンとこないだろうと思う。

まず、ＪＶ（ジョイントベンチャー）というのは「共同企業体」のこと。大きな物件であれば、一つの仕事を複数の会社に共同で請け負ってもらうのを前提とした入札にすることがあり、発注者から示された要綱に基づき数社でこの共同企業体が結成されて入札に臨むことになる。

そのなかでも「甲型」ＪＶは共同施工方式のことで、ＪＶの全構成員が出資の割合に応じて資金、人材、機械などを拠出する。「親」と呼ばれる最大出資企業が全体を牛耳ることになって、小さな企業は発言力が弱い。一方、「乙型」は分担施工方式を指す。事前に複数の工区に分割し、各企業がそれぞれ担当する工区について施工の責任を持つ。この場合、利益は分配されるのでなく各工区ごとに精算されるから、清掃工場工事の中核である燃焼炉のプラント工事業者（大手）が建屋の工事などを受け持つ建設業者（地場企業）に無理強いして利益を圧迫するようなことをある程度防ぐことができる。

従来、延岡市をはじめ多くの自治体で、この乙型方式を採用した例はあまりなかったと聞いている。

## 5　経営感覚を行政へ

### 住宅リフォーム商品券

少し前のことになるが、リーマンショックを契機に市内経済は急激に冷え込んだ。政府が緊急経済対策として補正予算を組み、延岡市としても様々な対策に取り組んだ頃の話だ。

建築業界が危機的だという状況を背景として、住宅の耐震化やバリアフリー化などのリフォームを行う市民に対して補助をしてほしいという声が高まった。これによって新たな建築需要が創造されれば市内経済全体に好影響が出るはずという理屈だ。

こうした経済対策事業の必要性を私も感じていたし、それが市民生活の質の向上にもつながればなお良いと思ったので、一億円程度の予算規模でリフォームにかかる金額の一割補助をできないかと事業の組み立てを指示した。うまくいけば直接効果だけで一〇億円の経済効果が新たに生まれる。これに付随してくるであろう住宅設備や家電製品などの波及効果も考えれば、さらに経済効果の規模は膨らむはずだ。

しばらくして担当部長から返ってきた報告は、「リフォームの申請が要件を満たしているかという受け付け時のチェックと完成後の検査が必要になりますので、行革で人員を相当削減して今の仕事で手いっぱいになっている現状では実施は困難です」というものだった。加えて、「個人の資産形成に公金を投入することへの疑義もあります」という。

この部長は普段は新しい仕事にもっと前のめりになるタイプなので少々意外だったが、一般的に、役所内で新しいことを始めようとするとこんなふうにいくつもの「できない理由」に直面することになる。

私なりに考えて、「作業を全部市役所内で済まそうとするから、できないという結論になるんだ。商工会議所あたりにお願いして委託費を払って実施したらどうか」と言って差し戻した。それに、確かに個人資産の価値を高めることにはなるのだが、第一義的な目的を緊急経済対策だと位置付けて臨時的な制度として扱えば良い。

担当部署で検討してくれて商工会議所にも打診した結果、その枠組みで進めることができた。その後、(補助金をつけるのだから当然と言えば当然だが)この事業は大変に人気を博し、何年にもわたる継続事業となった。直接効果だけでも累計八〇億円近い経済効果を生み出したのだから、大成功と言えるのではないだろうか。資産形成に資するという理由から恒久的な事業にできないのが残念なくらいの反応が市内に生じた。

あの時、こういう理由でできませんという説明に対して「ああそうか。仕方がないね」と返事をしていたらそこから先はなかったのだから、最終判断というのは本当に重いものだと思う。

何をするにも障害は多いのだから、市長の判断というのは、「こうしたい。なんとかできないか」という意思に基づいて知恵を生み出すものでありたい。エンジン01オープンカレッジなどで大変お世話になった堀江貴文さん（ホリエモン）の著書『本音で生きる』から言葉を借りれば、「推進しようとする意思を持った決定者がいなければ物事は一歩も前に進まない」のだ。

## 労働生産性の本質とは

### 経営感覚を行政へ

（07年1月15日）

皆さん、あらためて、新年明けましておめでとうございます。市長の首藤です。本年もどうぞよろしくお願いします。

あっという間に一年が過ぎていきますね。時の流れの速さをあらためて感じます。その中で私たちは、ついつい「日常」に流され埋没してしまいがちですが、新しい年を迎えるというこの節目にあたって、足元を見つめ直す機会とできればと思います。それは、別の言葉で言えば、「原点に立ち返ってみる」ということでしょう。

昨年一一月の福島県知事選挙において、伊達市では、これまで一五〇分かかっていた開票作業の時間をもっと短くできないかと知恵を出し合い、結果として七〇分に短縮しました。また、一二月の茨城県議会議員選挙においても、取手市で同様の取り組みがなされました。開票事務に従事する職員を削減したにもかかわらず、これまで約八〇分かかっていた開票作業が半分の四二分に短縮できたのです。

これは、テーブルの配置を見直して移動の歩数を減らしたり、スリッパをやめて運動靴にしたりするなど、職員からの改善提案による「〇・一秒を短縮する努力」を積み上げた結果だといわれています。目標を達成するために作業のプロセスを全員で検討しなおした成果です。もちろん、当然ながら正確を期すのを前提としての話です。

民間の生産現場では、このようなプロセスの見直しが日常的に行われています。例えば、工場における大災害をゼロにするという目標に対して、皆さんが責任者の立場であれば、関係者にどういう取り組みを指示するでしょうか。ちょっと考えてみてください。

一般的には、「災害を起こさないという意識を徹底するよう、いろいろな機会に全員に呼びかけて注意を促す」というような発想が先ず出てくるかと思いますが、意識の徹底を促すだけでは効果は薄いようです。

実際に製造現場ではどういうことが行われているのか、少し紹介します。

「ハインリッヒの法則」というものがありますが、これは労働災害における経験則の一つです。一つの重大事故の背後に二九の軽微な事故があり、さらにその背景には事故につながりかねない三〇〇の異常があるというもので、「一：二九：三〇〇の法則」ともいわれています。

つまり、一つの重大事故をなくそうと思えば、現場で「ヒヤッ!!」としたことや気がかりなことを三〇〇減らせばいいという理屈です。この三〇〇の「ヒヤッとしたこと」、「ハッとしたこと」、「気がかりなこと」を撲滅するために、旭化成グループではHHK活動（「ヒヤリ」「ハッと」「気がかり」という言葉の頭文字をとった活動）に取り組んでいます。

では、その活動の具体的な中身は何かというと、社員や協力業者の皆さんなどから競争で改善提案を募り、効果のありそうなものはどんどん実施して、提案者を表彰するというものです。年間数千件にのぼるこの改善提案は、内容を一つひとつみれば他愛もないと感じるものも多くありますが、しかし結果として、重大事故を予防するという大きな成果を生み出しています。

こうした取り組みが日本の製造業の生産性を世界最高レベルに高めているのですが、一方では、このような生産現場での研ぎ澄まされた取り組みに比べると、日本のホワイトカラーの生産性は先進国中最低の部類に入るほど低いと言われています。

私たちも、仕事の組み立てを再構築して生産性を高めていくという取り組みを進めねばなりません。そして、こうした取り組みこそが、行政改革そのものであると考えています。これから人員削減にも取り組んでいかなければなりませんが、人が減ることで行政サービスの質も低下させるようでは意味がありません。むしろ向上させていきたいものです。そのためには、とりもなおさず生産性を上げる取り組みが求められるということではないでしょうか。

人が減ってもサービスを低下させないというのは労働強化ではないかと言う人もいますが、そうではありません。先に述べた選挙の開票作業の例を見てもわかるとおり、これは「労働強化」ではなく「生産性向上」なのです。

少数精鋭という言葉があります。「少数にする」という取り組みは行財政改革の中でこれからやっていかなければなりませんが、これと同時に、「精鋭にする」ための取り組みも進めていかなければなりません。では、「精鋭」とはどういうことかというと、究極的には、「やる気と情熱に溢れ、知恵を絞って仕事をする」ということに尽きると思います。

日経新聞に、「玉ねぎより桃」という小見出しのついたコラムが掲載されていました。ソニーのリソースマネジメント統括部長によると、部下が一日の中でどのような仕事をしているかを五分単位で書き出させ、それを外注先の会社と検討したところ、非常に多くが外注可能な仕事であったそうです。玉ねぎの皮を一枚ずつむくように、社員がやっている仕事をひとつずつ外注して減らしていった時に、最後に何が残るのかというのが統括部長の問題提起でした。玉ねぎのように何も残らないようでは困る。桃のように、中にはしっかり種が残っていてほしいと書かれていました。その社員ならではの種、つまり付加価値の高い仕事をどう実現するかに焦点を当てることが重要です。

私たちも、自分たちの仕事がどのような内容の業務で構成されているのかを一度洗い直して、改善に向けての下地作りを進めましょう。現在取り組んでいる業務の概要を書き出し整理するところから始めて、これから一年間しっかり時間をかけて、市役所全体の仕事の見直しを進めていき、組織機構の抜本的な再編にも歩を進めていきたいと考えています。

夢を持って、一緒に頑張りましょう。
ところで、夢といえば、「初夢」というタイトルの拙文を市のホームページ内の「市長コラム」に書いておきました。空想を膨らませるのも正月ならではでしょうか。

労働生産性とは就業者一人当たりGDPのことだが、日本はこの二〇年ほど、OECD加盟の先進国三四カ国の中でずっと二二位前後に位置している。ホワイトカラーの生産性についてはさらに低いといわれていて、それは現在も、このメッセージを書いた当時と変わらない。

また、この「玉ねぎより桃」の話は、企業が仕事を外部委託するアウトソーシングが拡大する中での一つの問題提起として取り上げられているのだが、最近は当時よりさらにグローバル化が進んでいる。海外にまでアウトソーシングを拡げるとそれはオフショアリングと呼ばれ、自国の産業空洞化を招く。国内にどんな仕事を最後まで残すかという意味では、国が「玉ねぎ」に見立てられることになるわけだ。そしてこういう空洞化を嫌って、アメリカではトランプ大統領が（玉ねぎの皮をはがないようにと）各社に圧力をかけている。

さらに言えば、人間を「玉ねぎ」に見立てることも近未来的課題だ。何のことかといえば、AI、すなわち人工知能だ。

今は人間がやっている仕事でも、将来はＡＩやロボットに任せてしまえそうなものが大半だという。オックスフォード大学の研究をもとにして野村総研が推計したところ、日本の労働人口の約四九パーセントが就いている職業において、一〇〜二〇年後には機械やコンピュータに代替が可能との結果が得られたそうだ。

最終的に人間にしかできないことって何なのだろうと考えることが、ここでいう「桃の種」を探すことに重なる。

## 民間では当たり前

ニュー・パブリック・マネジメント　（07年2月23日）

皆さんこんにちは。市長の首藤です。

鳥インフルエンザが県内で相次いで発生し、日向市東郷町でも非常事態となりましたので、延岡市からも殺処分等の応援に行ってもらいました。大変な作業であったと聞いています。作業に従事した職員の皆さん、本当にお疲れ様でした。

これで事態が終息してくれればと願っていますが、これから先もどのような状況が発生するかわからないという緊張感を持っておかねばならないと思います。

先日、東国原新知事の県政がスタートしました。最近の報道でも毎日のように知事や宮崎県が大きく取り上げられています。これは宮崎県が全国にアピールできるチャンスですから、知事の情報発信力や知名度を活用させていただきたいものだと思います。

知事のマニフェストを見させていただきましたが、私たちが目指しているビジョンと共通点が多いことに気が付きます。その発想の根底にはNPM（ニュー・パブリック・マネジメント）の思想があるのではないかと感じますが、今回は、このNPMについて述べてみたいと思います。

これはもともとイギリスのサッチャー政権等で注目を浴びた手法ですが、日本でも政府の経済財政諮問会議が二〇〇一年にNPMの活用を提言して以来、注目されてきています。考え方としては「行政の民間化」がバックボーンになっており、四つの原則があります。一つは成果指向です。

これまでは、行政に関して予算編成や施政方針に注目が集まっていたわけですが、その結果として住民の暮らしがどう変わったか、どう生活が向上したかという成果については、あまり触れられずに来ているのではないでしょうか。ここに焦点を当てようというのが成果指向のポイントです。行政として何をするかということよりも、成果として何が実現できたかをきちんと見ていこうということです。

二番目が顧客指向です。

日本の行政には、住民は統治もしくは給付等の対象であるという発想がもともとあったのではないでしょうか。そうではなくて、行政の顧客つまりお客様として捉えることが必要です。これまで「市民の目線」でものごとを考えましょうと話してきましたが、それはこの顧客指向（言葉を変えて市民指向とも言えると思います）を指していると考えていただいて結構です。

三番目は市場メカニズム（競争原理）の導入です。

公的な仕事はすべて行政が担うものという固定観念を打破し、より効率的により良い成果を挙げる方法は他にないかという発想で、場合によっては行政と民間が競争するということも考えねばなりません。これに関しては、「市場化テスト」という言葉を耳にされたこともあるかと思います。結果として民営化や民間委託がふさわしい事業も出てくるでしょうし、指定管理者制度も活用されるべきであろうと思います。

四番目は分権化です。

組織内でいえば権限委譲ということになるでしょうか。

以前にも、生産性を高めるという話をしましたが、延岡市役所内でも生産性を高める取り組みをこれから進めていかねばなりません。これには一年くらいじっくり時間をかけて、小回りのきく組織再編と権限委譲の準備をしていきたいと考えています。

こういう成果指向・顧客指向・競争原理の導入・権限委譲という四つの原則をベースにして、NPMの考え方の良いところはしっかり取り入れて行きたいと思います。

これまで折に触れて、「経営感覚」を行政に導入しましょうと話をしてきましたが、これはNPMとほぼ同義と考えていただいて結構です。最初の頃は、経営感覚と言うと「人を減らし、コスト削減を徹底的にやる」ということだろうとの誤解を受けたきらいもありました。そうではなく、「経営」とは、前述のような原則を軸として、課題の設定、政策の立案、決定、実施、評価という一連の流れを構築し、そのサイクルを回していくことです。

こうした考え方は、多くの市民の求めるところでもあります。共感していただけると幸いです。

私は「市民感覚を政治へ　経営感覚を行政へ」というスローガンを掲げて選挙戦を戦い、市長に就任していたので、職員の中には、「何でもかんでも手当たり次第にコストカットを徹底するつもりじゃないか」と心配していたものが結構いたのだそうだ。

私としてはこの「経営感覚」という言葉を、メッセージに書いたNPM（ニューパブリックマネジメント＝新公共管理）の考え方をイメージして使ってきた。行政体を一つの企業と見立てて、民間企業の中では当たり前と考えられる諸原理を導入するものだ。

このメッセージを書いた頃には就任からすでに一年が経過していたから、誤解はずいぶん少なくなっていた時期だとは思う。ただ、これが明確なイメージを伴って理解されていたかというと若干心もとなかったので、折にふれ、私からなるべく具体的な事柄に沿って話をしたつもりだ。

ところで、NPMは政府においても、特に小泉改革などでは思想的バックボーンになっていた。国の借金が積み上がり、早期の財政再建が必要だという社会認識が高まる中で、新自由主義的な思想が説得力を持ったのは自然な成り行きだったと思う。小泉首相の有名な「ワンフレーズ」の一つである「官から民へ」にそれは端的に象徴されている。市場の自由競争に多くを任せ、政府はできるだけ干渉しないという、「小さな政府」路線が基本方針だった。

残念ながらその後にグローバリゼーションという名のもとで国際的な経済自由化（というより弱肉強食化）が進行し、混乱が深まったのだが、そのことをもってNPMのような思想は間違いだったということにはならない。

## 「大過なく」ではダメ

### 「受け身」から「攻め」へ

（07年4月13日）

職員の皆さんおはようございます。市長の首藤です。

北川町との合併を経て新延岡市が誕生するとともに、新しい年度がスタートしました。新しい門出にあたって念頭に置いていただきたいことのひとつに、仕事をする際に「守り」ばかりでなく「攻め」をも意識して取り組んでいただきたいということがあります。「守り」とは、言葉を変えれば「受け身」の仕事です。つまり、何か問題が発生したり、やらなければならない課題が目前に提示されたりすることによって、初めてそれに対処するというような仕事の仕方のことです。

これに対して「攻め」とは、ビジョンを持って、主体的・戦略的に取り組む仕事です。差しあたっての切迫感がない状況であっても、早い時期にメドをつけて問題の悪化を防ぐ方が良いというような課題があると思いますが、そういう課題に対する積極的な取り組みであるとか、上からの指示や命令はないものの、延岡の将来ビジョンのためにはこのことが絶対に必要だという課題をテーマアップして、着手していくというような仕事のことです。

行政マンは、得てして守りが得意ですし、現実にそう感じることが度々あります。新しい部署に異動になった方も、今までの仕事の仕方をただ単に引き継いで踏襲していくということではいけません。積極的に、仕事の目的と成果、手法などの見直しをしていただきたいと思いますし、その際、「攻め」の意識を今まで以上に持つことが大事だと思います。

文章に関しても、往々にして「守り」の言葉遣いになっているなあと感じることがあります。例えば、議会の答弁の案文などで、一つのセンテンスが六行とか七行にもわたる文を時折目にしますが、このような場合、「守り」の意識がそうさせているケースが多いのではないかと思います。もちろん、多面的に表現することが必要な場合もあると思いますが、「とりあえず一言ずついろんなことに触れておかないと何か突っ込まれそうな気がする」からではないでしょうか。

「攻め」の意識で書いている文は意図が一点に集約されるので、端的・簡潔な文になるものです。

また、退職される職員の方がよく「大過なく過ごすことができました」と口にしますが、この発想はある意味では「守り」に偏りすぎたものではないかと思います。

失敗しないことに価値があるとするのではなく、「何を為したか」に価値を見出していくことが私たちにとって重要なポイントであり、私たちの意識を変えていかなければならない部分だと思います。

行政の枠組みが大きく変わり、国、県、市の関係も大きく変わりました。いわゆる機関委任事務が仕事の中心であった時代とこれから先の時代とは、仕事の本質がまったく変わります。

今までは、国や県の言うとおりにしていれば、そして受け身の姿勢でいれば仕事はこなせたし、自治体も回っていたと思いますが、もうそんな時代ではなくなっています。自らがきちんと判断し、きちんと方向性を定めて、知恵を出し汗を流してやっていかなければならない時代に来ていますから、是非とも「何のために」「何を為すか」に焦点の合った目的指向・成果指向での仕事を皆さんにお願いしたいと思います。

もう一つこの際お願いしておきたいのは、市民との接点である窓口での対応の仕方、つまりお客様である市民への接遇に今まで以上に心配りをしていただきたいということです。

これも、「守りではなく攻めの接遇」と表現してよいかもしれません。私たちは、窓口にお見えになった市民に対して理屈の面で正しい対応をして当たり前です。時には無茶なことを仰る市民もいらっしゃるでしょう。「こちらの言う理屈を理解しない相手が悪い」とついつい思いがちなケースもあるかもしれませんが、納得していただけない場合でも、少なくとも対応の仕方には満足してもらう、できれば感謝して帰っていただいて初めてプロの接遇と言えると思います。

窓口対応について苦情が寄せられることがあります。職場が替わり、人が替わるこの機会に、今一度各課で接遇の見直しをしてください。

そして、「挨拶」は接遇の基本動作でもあります。延岡市役所挙げて徹底していきましょう。

### 議会を経営感覚で捉えれば

このメールの文中、議会答弁の案文に触れているが、現在の延岡市議会の一般質問の仕組みを少し説明しよう。

年四回の定例議会において、議員は当局に市政に関する質問をすることができる。ただ、本会議場でいきなり唐突な質問ということになれば、その場に資料がなかったり考え方の整理もできないままの答弁となりかねない。「手元に資料がないので、後ほど回答させていただきます」とか、「今お聞きしたばかりですので、今後検討いたします」などという答弁ばかりでは、せっかくの市議会が不毛なやりとりに終始する実りのないものになってしまう。

だから「事前通告制」を採用し、議員が質問の要旨をあらかじめ通知する仕組みになっている。これに沿って当局としても答弁の準備をすることができるわけで、文中触れた答弁案は、議員の質問趣旨を踏まえて職員が作成するものだ。

全国のほとんどの議会でこの方式が取られている。質問と答弁が効果的にかみ合うようにするのが目的なのだが、よく「学芸会」と揶揄されるように、「お互いに原稿を棒読みするだけで緊張感に欠けるではないか」という批判があるのは事実だ。確かにこの部分だけを捉えれば、見ていて面白いものではないだろう。

しかし、基本的にはそれは「主質問」の部分であって、それに続く「再質問」をどう展開するかが議員の腕の見せ所なのだ。つまり質問の要旨をお互いに事前に確認しあって準備をした上で、再質問で議論を深め、当局を追及したり持論を展開したりすれば良い。実際、進

市議会での答弁

め方の上手な議員は当局に事前の庁内協議や準備の余裕を与えることで考え方を煮詰めさせ、質問当日の再質問の中で、自らが得たい答弁を引き出すことに成功するケースがあるようだ。

壇上から質問が行われる本会議場は、通常は最後の仕上げの晴れ舞台であって、本当の攻防はそれ以前が勝負だとも言える。日常の政治活動の積み重ねがあってこそ、本会議での質問に重みが出るのだ。

全部ガチンコ対決が良いという人もいる。初めから終わりまでスリルのある対決であれば傍聴していて面白いだろうが、それでは市民にとって本当に成果の上がるやりとりにはならないだろう。議会というのは、見て楽しむことが目的ではないのだから。

小池東京都知事と都議会の関係が悪化して、一切通告なしのガチンコ議会が開かれたことは皆さん記憶に新しいだろう。私はあれを見ていて、「これは都民不在の喧嘩だな」と思った。首長と議会は緊張関係を保たねばならないが、それと喧嘩とは次元が違う。喧嘩というのはとにかく相手に勝つことが目的なのに対し、健全な緊張関係というのは、「住民のために」自らが正しいと信じることについて、相手と考え方の相違がある場合に躊躇せず議論を戦わせる関係であって、「住民のため」という根本的な目的は揺るぎないものであるはずだ。

国会の与野党間の議場内外のやり取りを聞いていると、「この発言は国民のためではなく、自分たちの政党が有利になるための、政局目的の言葉だな」と感じることが多い。それを国民は敏感に感じ取るから、「政治家なんてロクなもんじゃない」となってしまうのだ。

ついでに言えば、地方議会においても国会の政党間の争いが反映されているのだが、このことも、個人的にはいかがなものかと感じている。

自分たちの政党が国会で強い立場に立てるよう、都道府県議会においてもその下支えとして政党中心の会派が構成され、さらにそれを支えるべく市町村議会でも同様に政党中心の会派構成となっているのが一般的だ。選挙にあたって効果的に機能するようにこうした政党の体制が出来上がっているので、現実にはいかんともし難い面はあるにせよ、地方議会が政党中心の議論に軸を置くことが適当かというと、はなはだ疑問と言わざるを得ない。

憲法改正論議や国家安全保障論議ではまさしく政党によって考え方が違うので、国政の場では真っ向からの政党間の議論をしてほしいが、逆に極めてローカルな問題において政党によって考え方が完全に別れることには強い違和感を覚える。青臭いという批判を受けるのかもしれないが、政党の政局的思惑はさておいて各議員個人がちゃんと自分の頭で考えた行動をとるのが地方政治における理想だと思う。

また、文の後半では国と県、市町村の関係について記述している。

よく、「行政」とひとくちに言うが、それは国を指す場合もあれば、県や市町村を指す場合もある。市民にとっては同じようなものと感じられるだろうが、このそれぞれの立場の間ではこれまでせめぎ合いが続いてきた。「機関委任事務」はその一つの象徴であって、簡単にいえば、昔は国の下請け業務を自治体が行わねばならないと法的に決められていたのだ。これは自治体に委任された国の事務であるので、いわば自治体が国の下請け機関ということになり、国と地方自治体に上下関係が存在した。しかし平成一一年の地方分権一括法によって制度が廃止され、国と地方は対等の関係として位置づけられることとなった。

その後も地方分権を進めるべきというコンセンサスに変化はないが、実態はなかなか進まない。

## もらって当たり前か

### 市役所は市内最大のサービス産業

（07年5月26日）

皆さんこんにちは。市長の首藤です。

「情報公開」と「市民参加」は市政運営上の大前提ですが、情報公開については、「請求されたら公開する」という位置付けから一歩踏み込んで、こちらから積極的に市民の皆さんに情報を開示していく、さらには情報を発信していくように心がけてほしいと思います。

情報発信といっても、実際に何かを伝えようとすると、なかなか伝わらないと感じたことはないでしょうか。市民の皆さんに広く知ってもらいたい事柄があったとしても、ちょっとやそっとではなかなか浸透しません。

現在のところ、一番手軽に効率よく情報が発信できる手段はインターネットでしょう。まずは市役所のホームページを徹底的に活用することで、どんどん情報を発信していきたいものです。延岡市役所のホームページは、各課から直接書き込みができるシステムになっていますので、ぜひこのシステムを活用してください。

先日、市のホームページを見ていましたら、更新されずに掲載されたままになっている古いデータが目に付きました。各課において、事実上無管理という状況が一部にあったのかもしれません。情報発信と併せて、ホームページに掲載しているデータや情報内容が現状に即しているか、陳腐化していないかを定期的に各課でチェックすることも忘れぬようお願いします。

ところで、これまで何回かNPM（ニュー・パブリック・マネジメント）の話をしてきましたが、簡単に言えば、NPMとは民間的なものの考え方や手法などを行政でしっかり活用していこうという取り組みです。

市役所を市内最大のサービス産業と位置づけて考えることによって、おのずとどうすれば良いかが見えてくる部分もあります。「われわれはサービス業の会社の社員である」と想像して、日々の仕事はどうあるべきか考えてみてください。

民間サービス業であれば、利益の追求もしていかねばなりませんが、じゃあ利益とは何なのか？

結論を言えば、利益とは企業の生み出す付加価値そのものです。平たく言えばその企業が世の中にどれだけ役に立ったかという数字なのです。

商店であれば、品揃えを充実させたり、店員の商品知識をしっかり深めたりすることで買い物がしやすいお店づくりができる。そうしたことでお客様の役に立つと評価されれば売上が伸び、利益が上がるという仕組みになっているのが、この資本主義社会です。世の中の役に立つ会社がその役に立つ度合いに応じて利益を得るという仕組みです。

ついでに言えば、これは社員一人ひとりについても同様です。「会社にどれだけ貢献したか」という度合いに応じた給料を社員に支払うべきだという考え方が、自由経済社会の根本です。しかし、給料には「生活給」という側面もありますから事はそう単純ではありませんが、以前に九州保健福祉大学の加計理事長とお話をしていた折に、「私は、『自分は給料分の仕事をしているか』といつも自問しているんです」とおっしゃっていたのが強く印象に残っています。

さて、個人の問題は別として話を戻すと、私たちにとっても、付加価値を最大化するという発想は非常に重要です。サービス業としての市役所は、付加価値を最大化するためにどんな取り組みをすればよいか、常に考えていかなければなりません。すなわち、どうすれば最大限に市民の役に立つかということを追求していかなければ、市役所も、その職員も、存在意義が問われるということです。

先月も触れたことですが、窓口対応などの「接遇」についても、そういう位置付けでしっかり取り組んでいただきたいと思います。店員さんの感じの悪い店は繁盛しません。私たちもサービス業ならば当然のこととして、接遇の向上にしっかり取り組んでいかねばならないと考えています。

接遇はちゃんとやってるよという人も多いことでしょう。他市と比較しても一定以上の水準にあるという自信は、私も含め、みなが共有しているところです。

しかし、一方では、市民から時々苦情が寄せられていることも事実です。

この苦情は、誤解に基づくものや、言ってこられる方の考え違いによるものも結構あります。言いがかりといわざるを得ないものさえあります。

じゃあ、それはどう考えるべきか。

小売店であれば、お客さんからの不合理なクレームに対して、「それは間違いです」とはねつけた言い方をしてしまえば、たぶんそのお客さんは二度とその店で買い物をしないでしょう。きちんと丁寧に納得のいくような接遇、プロの接遇をすることが、そのお客さんをお店のファンにしていくのです。

ですから、もっと言えば、大事なのは、「我々の接遇は市民の最大の満足を得ているか」であって「正しい応対が出来ているか」というレベルにとどまってはいけないということです。

現在、全庁的な取り組みとして、接遇マナー向上運動（「天下一マナー運動」）の準備を進めています。特に挨拶などは、これを機会に徹底して取り組みたいと思います。

行動開始は六月一日。全員の力を合わせてステップアップしましょう。

なお、これまでの職員の皆さんへのメールをまとめて市のホームページの「市長室」の中にアップしました。北川町総合支所の皆さんはじめ、これまでメールを受け取っていない方々にも読んでいただけると嬉しく思います。

私が大学を卒業して就職した頃、初任給は一三万円くらいだったろうか。学生時代のアルバイトでは一日汗をかいても五千円程度だったから、初めての給料を手にした時、「こんなにもらって申し訳ないな」という感覚がちょっとだけあったのを覚えている。

一日の労働とその対価としての給料が見合っているかという、アルバイトで身にしみた感覚があったわけだ。

その後、年数が経過し給料も上がって行く中で、いつしか「このくらいもらって当たり前」と感じるようになっていった。一日一日の仕事がどれだけの成果を上げているかということと給料との対比が希薄になっていったような気がする。

自分が達成した成果すなわち付加価値こそが自分の給料の源泉であるという感覚を失わなければ、仕事への取り組み姿勢も自ずと違ってくるというものではなかろうか。その思いを組織全体で持つことができれば、NPMで言うところの成果志向が浸透することにもなるはずだ。もちろん、給料というあまりに卑近なことばかりを意識して仕事をするべきでないのは当然であって、言いたいのは、「もらって当たり前」という感覚にならないようにしましょうということだ。

また、このメッセージでもNPMに触れている。一度書いたくらいではなかなか記憶にとどめてもらうことが難しいと考えていたのだろうと思う。これでもかと繰り返すことで、次第に多くの職員にこの言葉や考え方が定着することを狙ったわけだ。

そう言えば、昔、稲盛さんの講話テープで次のような趣旨の話を聞いた。

「人の意識が変わるというのは大変に難しいことだ。簡単に言えば、そのためには二つしか方法がない。一つは人生観が変わるほどの強烈な体験をすること。そしてもう一つは、毎日繰り返し、コツコツと雫が岩を穿つがごとく刺激を与え続けることだ」

これは他人の意識を変えるというより、自己改革としての意識変革のための話だったのだが、リーダーとして部下を指導する立場になれば心に留めておかねばならないことだと思う。

## 顧客満足を高める努力

### 天下一マナー運動

（07年6月6日）

皆さんおはようございます。市長の首藤です。

六月一日から「天下一マナー運動」がスタートしました。

接遇の向上自体に異を唱える人はいないと思いますが、こうした活動にはやはり相応のエネルギーがかかるわけですから、なぜいまさらと感じる方もおられるかもしれません。延岡市役所では、これまでも「はーとふるマナー」に基づき「ニコニコ運動」に取り組んできていて、既に他の市町村以上のレベルにあると言って良いでしょう。なのに、なぜここでまたエネルギーを割いて「天下一マナー運動」に取り組むのか。その趣旨を是非皆さんにご理解いただきたいと思います。

接遇の向上は、「もうこれで十分」というような終わりのない永遠の課題の一つです。前回も書いたように、民間企業に喩えたほうが判ってもらいやすいかもしれません。

企業では、利益を上げることが、最大ともいえる目標です。旭化成では一〇〇〇億円以上の経常利益をここ数年にわたって上げ続けています。名だたる日本企業の中でも、一〇〇〇億円の経常利益を上げている企業はほんの一握りですから、「もうそれで十分ではないか」という考え方もなくはないと思いますが、経営陣をはじめ社員の方々は、誰一人としてこれで十分であるとは思っていないはずです。

日本を代表する企業であるトヨタ自動車は、一兆円をはるかに超える経常利益を上げていますが、過去にはやはり一〇〇〇億円ほどの経常利益をあげていた時期もありました。その時期に「一〇〇〇億円の経常利益で十分満足だ」と思ったら、今のトヨタはなかったでしょう。

接遇の向上が永遠の課題だという意味合いも、これに通じるものがあると思います。

現実はどうかというと、先月も書いたように、市民のクレームの声が時々届きます。庁舎内に置いてある「市民の声」の用紙への書き込み、あるいは直接私の自宅に郵便でというケースも時折あります。

その中に「ガムを噛みながら仕事をしている職員がいる」という指摘が数回ありました。こちらはそんなつもりでなくとも、お客様に不快な思いをさせてしまっている一例です。まだ完璧というレベルには遠いと自省すべきではないでしょうか。

今回の「天下一マナー運動」については、有言実行で取り組みたいと考えています。市のホームページにも記載してありますし、また、庁舎前に懸垂幕を掲示して広く市民の皆様にお知らせすることにしました。

「何も自分たちのやることを外に向かって宣言する必要はないじゃないか」とか、「自分たちが意識を持って取り組めばよいことじゃないか」と考える人もいるかもしれません。「外に向かって宣言するとクレームを誘発しやすくするのではないか」という発想もあるかもしれません。

反面、どうせやるのであれば、外に対しても内に対しても宣言して取り掛かることによって、自分たち自身の意識が深まり、気合が入るから良いという考え方もあります。

どちらを選択するかが重要です。

受け身の姿勢を選択して仕事に取り組むのか、それとも攻めの姿勢を選択して仕事に取り組むのかということでもあると思います。

「天下一マナー運動」は市民の皆さんのために取り組むわけですが、同時に市職員の皆さんのためでもあると思っています。

市民の中に「職員の給料が高い」とか「職員の数が多すぎる」という声が多くありますが、これらは本当に給料や職員数の問題なのかというと必ずしもそうではなくて、市役所の仕事ぶりに対する不満がそういう表現となって表れている場合も多いと私は考えています。

「天下一マナー運動」に取り組んでいくことによって、市民の皆さんが我々の仕事ぶりに好感を深めていただけるとすれば、結果として、給料や職員数についても少なくともまっとうに評価してもらえるようになるはずです。

成果を信じ、笑顔で楽しく「天下一マナー運動」に取り組んでいきましょう。

ところで、一回りしたということで朝礼参加のセッティングがストップしていましたが、また再開させていただこうと思っていますので、よろしくお願いします。

そして以前はランチミーティングもやっていましたが、私自身のスケジュールがずれ込みがちで一二時から食事ができる日が少ないために、予定日にスタンバイしてくれていた皆さんを長いこと待たせてしまったあげくあまり話をする時間がなくなってしまったというような迷惑をかけたため、これもストップしたままです。事態が非常に改善したとはいえませんが、比較的安全そうな日を選んで少しずつでも実施していきたいと思っています。こちらもよろしくお願いします。希望者（あるいは希望部署）は申し出ていただければ、優先的に実施したいと思います。

このメッセージに書いたように、市民から「職員数が多すぎる」とか「人件費が高い」という批判は常にあるのだが、その意味するところは二種類の異なった不満であると私は感じてきた。一つ目はその言葉どおり、職員数や人件費の水準そのものに対する不満であり、二つ目は実際には市役所の仕事ぶりに不満があって、それが（そんな仕事ぶりの割には）職員が多いとか給料が割高だという表現に形を変えて表面化しているというものだ。

私としては、この前者に対処すべく、職員数や人件費等の削減を対外的にも明言して行財政改革に取り組んできた。そして、後者の不満はこうした削減手法では解消できず、CS（顧客満足）を高める努力をするしかない。「天下一マナー運動」にはその一環という意味も含めてしっかり取り組もうという意味で、「市民の皆さんが我々の仕事ぶりに好感を深めていただけるとすれば、結果として、給料や職員数についても少なくともまっとうに評価してもらえるようになるはず」と訴えたつもりだ。

来庁された市民に対してアンケート調査を毎年実施しているのだが、年々徐々に評価は上がってきている。一年前との変化はそう大きくないとしてもそれが一〇年続けば、元とは見違えるような違いが出てくるものだ。

## 6 組織風土を高める

### 組織風土とは何か

経営感覚をいかに市役所の中に浸透させるかということでは、これまでに述べたようにいろいろと知恵を絞りながら奮闘してきた。それは何を目指す取り組みなのかといえば、成果志向、目的志向の積極的な職員意識の醸成、すなわち健全な組織風土の確立である。

この「風土」というのはとらえどころがないという感じがするので、なかなか組織づくりの観点から注目したりテーマとして設定したりということになりにくいものでもある。いきおい、組織形態だとか、ガバナンス、マネジメント手法などの実務的ハウツーに目が向きがちだ。

しかし、そうした実務手法を超えて、組織風土はすべての現場において構成員の行動に深い影響を及ぼす。とらえどころがないようであっても、あえてそこに目を凝らし、健全な風土確立に向けてたゆまぬ努力を続けねばならない。

このパートではこうした組織風土というものにもう少し踏み込んで行こう。

## 合理的選択を超えて前進するパワーを

### マインドを高める

（08年10月1日）

私たち市役所の仕事は、法によって手続きを細かく規定されていたりするなど極めて事務的・実務的な色彩が強いので、どうも、やる気や情熱といったウェットな部分は民間と比べて軽く見られがちであるように感じます。しかしながら、実際にはこうした人間の感情的側面は結果を大きく左右するものだし、さらにいえば、それを生み出し支配するといえる「風土」とか「雰囲気」というものが極めて大事だということを、今回あらためて指摘したいと思います。

経済の動きは、人間の気持ちや感情とは関係なく非常にドライで合理的なものであると一般的には捉えられているようです。しかし、よく見ると、実は経済の世界においても人の気持ちが大変大きな原動力になっているのがわかります。確かに、「原因ゆえの結果」という理屈に沿って一つ一つの具体的な事象は起こるわけですが、ある目的のために「原因」を作り出したとしてもそれが直ちに所期の「結果」につながるかというと、あながちそうでもありません。ものごとが非常な勢いで動いていくのか、それとも停滞してなかなか動いていかないのかを分ける大きな要因のひとつは、人間の感情的側面です。「消費マインド」、「投資マインド」という言葉が経済解説記事などに出てきますが、それらが冷え込むと、いくら積極的な施策を講じても経済そのものは回らなくなってしまいます。

皆さんは大河ドラマ「篤姫」を見ておられるでしょうか?

明治維新のころに活躍した西郷隆盛、大久保利通、勝海舟、坂本竜馬ほかのキラ星のような先人たちが登場していますね。特に西郷と大久保は竹馬の友でしたが、薩摩の風土があればこその二人の活躍だったのだと思います。もちろん、徳川幕府をはじめとした国内状況や諸外国からの圧力などから明治維新という結果が生まれたわけですが、彼らの情熱、そしてそれを育んだ薩摩の風土がなければ、変革のスピードはもっと遅かったかもしれません。彼らは偉人としてこの世に生まれたのではなくて、薩摩の熱によって磨かれて偉人となったのでしょう。時代に「変革マインド」が満ちていたとも言えると思います。

本気になればたいていのことはできるものです。

今、延岡は厳しい状況にあるけれども、一部にマインドを明るくする材料が出てきている。これを我々は大事にしなければならないと思います。これから、高速道路が順次開通していきます。そして、以前のメッセージでも書いたように、国土形成計画素案で延岡市は「基幹都市」と位置づけられています。こうしたことをてこにして、次の段階に向けて時代を転がしていく必要があります。今後、中心市街地活性化や企業誘致などの「攻め」のテーマがクローズアップされてきますが、精いっぱいの力を尽くして大きな成果を目指しましょう。

取り組みのさなか、困難に直面すると頭をもたげてくるかもしれない「どうせだめだ」「どうせ大して変わらない」などといったネガティブなマインドこそが、我々の最大の敵です。ロバート・ケネディはこう言っています。「無力感に溺れることは、戦う前に白旗をあげるに等しい」

「延岡はもっともっと良い街になる」「今がチャンスだ」「我々にはできる」と皆が心底信じることからすべてが始まります。

経済学の歴史は長く、多くのノーベル賞受賞学者などによって数々の経済理論が打ち立てられてきている割には、世の経済予測は当たらない。その理由の一つに、近代経済学が行為者の「合理的選択理論」を前提にしていたことが挙げられるようだ。これは、人間は常に合理的に判断して行動するという前提であって、政治学などでもそうした論理立てがされる場合があるらしい。

しかし、例えばリーマンショックの後、この激震の震源地であるアメリカは意外に早く経済が立ち直ったのだが、当初は影響が軽微とされていた日本経済だけがいつまでも回復できなかったことを考えてみたらいい。当時、サブプライムローンが欧米などの各国で多くの金融商品に組み込まれていたので、連鎖して世界的金融危機が発生したのだが、日本ではその組み込みの度合いが低かった。だから影響は少ないと見られていたにもかかわらず、世界に遅れをとった。

経済の動きが常に合理的なものであるとすれば、アメリカやEU諸国などと日本との間でこうしたギャップは生じなかったはずではないだろうか。

その理由はいろいろと分析された。例えば、その後ドル安円高が進んだために輸出頼みの日本経済は回復できなかったのだとか、それに加えてアメリカなどの内需が落ち込んだことによって日本では輸出メーカーの生産が激減したというような分析だ。実際には輸出依存度は一五パーセント前後と国際的にも低水準なのだが、こうした指摘一つ一つはそれなりに原因の一面を捉えてはいるのだろうと思う。しかし、そうしたことだけで、震源地よりはるかに長い期間にわたって回復が遅れたことの説明がつくとは思えない。

つまり、合理的な経済理論とは別の側面があったはずだと言いたいのだ。

アメリカではより深刻な状況下でも、日本のように「景気が悪い時はじっと動かずに良くなるのを待つ」という空気に長く支配されることはなかった。アメリカ人生来の陽気さ（あるいは能天気さ）による実需の回復の早さが日本との決定的な差を生んだのだと思う。

日本では、バブルという宴のあとの心情の冷え込みが染み付いてしまったせいなのか、家計も企業も財布の紐を緩めようとしないまま何年も過ぎてしまった。日本人が伝統的に是としてきた「倹約マインド」が、景気回復の足を引っ張ってしまったとも言えるだろう。

たとえネガティブなマインドに陥ってまではいない場合でも、いつも合理的、実務的、客観的な観点だけから物事を考えることに徹しすぎると、それが仇となって、前進するパワーが生まれてこない。

「こうしたい」という意欲溢れるマインドこそが全ての源だ。しかもそれを「気持ちの問題だから」といって個人の課題に帰することなく、組織や社会のありようを構想する中に落とし込むことが大切だと思う。それが、ここでいうところの「無力感に陥らず、『我々にはできる』という信念を育む風土を作り上げよう」ということなのだ。

## 変革へのインセンティブ

### なぜ変わらねばならないのか

（08年12月1日）

皆さんおはようございます。市長の首藤です。

米国ではオバマ次期大統領の閣僚人事など、来年以降の政権運営に向けて着々と準備が進められているようです。選挙では圧倒的な勝利を収めたこのオバマ氏ですが、キャッチフレーズは皆さんご存じのとおり、「CHANGE」でした。

日本でも選挙では様々なキャッチフレーズが飛び交います。曰く、「誠実」、「情熱」、「実行力」、etc.

候補者はこうした言葉によって自分を強くアピールしたいわけですが、言葉というのは使われれば使われるほど、すり切れていきます。陳腐化した言葉にはインパクトがありません。

しかしながら、ものの本によると、選挙で唯一陳腐化しない言葉があるのだそうです。

それが、「変革」あるいは「変化」だというのですから、どうもこの点では事情は洋の東西を問わないようです。

なぜ「変革」という言葉がいつの時代もそのインパクトを失わないのか、その理由はさておくとしても、我々が行政として仕事をしていくうえで、市民の「変革」への並々ならぬ期待感を頭においておくことが必要ではないかと思います。

部局長マニフェストや枠配分予算に象徴されるように、現在、庁内分権の推進途上です。こうして組織の変革を進めるにあたって、当初、「なぜ今のままではいけないのか」という声がありました。もっとはっきり言えば、「変えなければいけないほど今の組織は悪いということか」という反発でもあったように思います。

私の民間での経験から言えば、ひとつには、変えること自体に意味があるのだと考えています。どんな組織も、今現在が理想の姿かといえば決してそんなことはありえません。理想を追求する姿勢は、常に変化を求める姿勢に相通じます。よっぽどの目に見えた弊害がなければ変化できないとすれば、その組織は必ずマンネリズムに陥るものです。

このことは、少々大げさに言えば、宇宙的真理ですらあります。

はるか昔から、地球上に生まれてきた様々な生物は進化発展を続けています。なぜ生物は進化できるのか。その精妙な仕掛けは、世代をつないでいく遺伝子の受け渡し方にあると聞いたことがあります。

犯罪捜査などでしばしばそれが決め手となることでわかるように、人間は、人それぞれに他とは異なるＤＮＡを持っています。次の世代を作るにあたって、男と女の染色体を混ぜ合わせてそのたびに新しい組み合わせの遺伝子が作り出されるのですが、これは、ヒトという生物が種《しゅ》として生き残っていくにあたって、欠くことのできない仕掛けです。

つまり、新しい世代が生まれるたびに遺伝子は小さな変化を遂げていることになりますし、その小さな、しかし弛まざる変化の膨大な繰り返しの中で、環境に適応する方向性を種は探っているのだともいえるのでしょう。

このことは、市役所という組織がその時代と環境に対して最適な組織であり続けるための貴重な示唆を含んでいると思います。

我々は、理想を目指して、常に変革を自らに課していかねばなりません。そして、その変革の主体は、言うまでもなく、私たち一人ひとりです。全員が、「俺（私）がやらねば誰がやる！」という気概を持って、みんなで頑張りましょう。

（参考までに）

「　実践　実践　また実践

挑戦　挑戦　また挑戦
修練　修練　また修練
やってやれないことはない　やらずに出来るわけがない
今やらずして　いつ出来る　俺がやらねば　誰がやる
やって　やって　やり通せ　」

（昭和初期から中期にかけて活躍した彫刻家　平櫛田中《ひらくしでんちゅう》の言葉）

社会全体が変化していく中で、組織は一日一日と陳腐化していく。つまり、効率が悪くなり価値を減じていくということだ。だから否応なしに、常にどう変化するかを模索し続けなければならないのが宿命だ。

市役所などの組織ではもともと変化へのインセンティブが低い。民間企業であれば、組織形態やビジネスモデルが時代に合わなくなってくると当然ながら売り上げや利益が減ってくる。だから生き残りをかけて時代に適応しようとするのだが、公務員組織の場合、時代に合わなくなったからといって市税などの歳入が減るものでもない。また、人事評価の面でも、加点主義でなく減点主義的なスタイルになっているが故の難しさもある。改革をしようという志を持って新しいことにチャレンジしてもなかなか評価されず、そこで失敗したら責任が問われるのであれば、人はチャレンジしようとする気をなくしてしまうだろう。従来通りの仕事のやり方を踏襲しておけばいいやということになってしまう。

もちろん、どんな環境のもとであっても、本質を見据えたチャレンジングな仕事を自発的にやるのが本当に優秀な職員というものだ。だからといって、「それは個人の資質の問題だ」と規定してしまっては前進はない。組織としての課題は、そうした仕事をいかに数多くの職員にやってもらうようにするかなのだ。

自ら変革へとチャレンジする職員を増やしていくために、市役所職員にどんな働きかけをしてモチベーションを上げてもらえばいいかというと、民間企業的発想であれば、一般的には金銭的インセンティブや人事評価のインセンティブが考えられるところだ。

だから本来はこうしたことに制度的変革を加えていかねばならないのだが、そこは大きな船の舵を切る喩えのように、短兵急に実現できるものではない。

他方、その気になれば風土を作り変えることはできる。この積極的で健全な風土というものこそ、その組織に属する人間すべてに考え方の方向性と取り組みのインセンティブ（動機付け）を与えるものなのだ。

## アリバイ作りをしていないか

### 攻めの姿勢とは何か

（09年3月16日）

予算審査特別委員会で、会議の冒頭に、議長から「中庭駐車場ですれ違う際に、素知らぬ顔をしている職員がいる。基本なのだから、あらためて徹底してほしい」との苦言がありました。

天下一マナー運動もまだまだだなと感じます。どこまで行っても挨拶やマナーに完璧はないでしょうから、たゆまぬ向上を目指す姿勢が大事です。

皆で襟を正す機会としましょう。

さて、先日、本市独自のプレミア商品券活用策のことを書きましたが、ついでにもう少し触れておきたいと思います。

定額給付金の支給に合わせてプレミア分の予算を計上している市町村は結構多いようです。定額給付金が貯蓄に回ったり大都市での消費に流れたりするのを防ぎ、地域内でお金を回す効果を期待してのことでしょう。しかし手法はどこも一様ですから、悪く言えば横並びの取り組みが多いともいえます。さらに言えば、当初はプレミア商品券なんて発行するつもりはなかったのに、「よそでやってるのに何でうちはやらないのかと追及されたら困るから、他市の例に倣って実施することにしよう」と考えた自治体もあることでしょう。

「ちゃんとやってるのか？」と問われた時に、「やってますよ」と答えられるだけのことさえしておけばいいという感覚がそこにはあるのかもしれません。

私はこれを「アリバイ作り」の仕事と言っています。また、日頃皆さんへのメールなどでは、「受け身」の仕事とも表現しています。

じゃあ、「攻め」の仕事とは何でしょうか。ただ単に積極的に仕事に取り組むという意味ではありません。「アリバイ作り」を積極的にやることの愚かしさは論外です。

私は、先の例で言えば、プレミア商品券事業の実施にあたり、「景気刺激効果を最大にするためにはどんなやり方が最善か」に徹底してこだわって知恵を絞ることこそが「攻め」なのだと考えています。

ポイントは、どこに目線を向けた仕事であるかです。つまり、「議会やマスコミから指摘を受けた時に答えられるように」というところに目線を向けるのか、それとも「景気浮揚のために」という本来の目的に実直に向き合うのかということなのです。

自分の仕事を客観視できることは、仕事の質を高めるうえで大変に重要なことですから、前者の視点ももちろん持っていなくてはいけません。昨年六月のメッセージでは「視点を移動する作業」という表現をしましたが、議会、マスコミといった立場に我が身を置いて仕事を点検することは、そういう意味で大事です。が、しかし、それが発想の原点になってしまってアリバイ作りばかりを日々繰り返すような習性が身に付いてしまうと、俗にいうお役所仕事のそしりを免れないでしょう。守りの視点も視野に置きつつ、しかし目線は常に仕事の目的自体を正面から見据えることに徹する、それが大切です。

もちろん、事務的に淡々とこなしていくことが主体の仕事も多いことかと思います。しかし、その仕事を淡々とこなしながらも、「この仕事は本来どうあるべきか」「延岡市役所は今後どういう仕事をしていかねばならないか」「延岡の農業（or工業、商業、福祉、教育、etc.）は今後どうあるべきか」等々の自分なりの考え方をしっかりとバックグラウンドに持っていていただきたいのです。

アリバイ作りという言葉は嫌な言葉だ。

どうしなければならないかということはわかっていて、表面上はそう見えるようにするための工作ということだから、ただ仕事をしないということ以上にタチが悪い。本質は自己保身なのだ。仕事の目的が間違っている。こういう人が公務員であれば、小役人と言われるのだろう。

また、公務員には「調整型」と評されるような仕事ぶりの人も多い。だが、「調整型」にもいろいろあって、人の敬遠する関係先等とのデリケートな折衝など、もつれた糸をほぐしていくような地道で大変な仕事を厭わぬ積極的な人間もいれば、ただ「問題が起こらないように」ということを第一義としているかのような仕事ぶりの人間もいる。後者などはアリバイ作りに近いのではないかと感じてしまう。

これを峻別するのは簡単だ。その人のやった仕事がどんな成果をあげたのかを見れば良い。アリバイ作り的な仕事は成果を生まないのだ。

やはり、成果志向、目的志向を貫くことをまずは第一として、その上で、自分の仕事を客観視して足らざる点を修正強化する意識を持つべきだと思う。この順番が大切だ。

# 7 安心して暮らせる社会にするために

## 地域医療の危機

平成一六年度にスタートした新医師臨床研修制度がきっかけとなって全国の（特に地方の）公立病院における勤務医が激減するという事態を招き、大きな社会問題となった。昔は大学の医局が強大な人事権を持ち、所属医師の派遣をほぼ強制的に行っていたから地域医療の現場にマンパワーが確保されてきたという側面があるのだが、この仕組みが新医師臨床研修制度で根底からくつがえってしまった。若い医師にしっかりした研修体制を提供して質の向上を図るという目的は一定程度達成されたと聞いているが、いかんせん、副作用が大きかった。

この新医師臨床研修制度で急激に問題がクローズアップされたという感はあるものの、延岡市では実はそれ以前から「地域医療の危機」を憂える声が上がっていた。

宮崎県北地域全体の二次、三次医療を担う県立延岡病院は、戦後間もない昭和二三年に設置され、中核病院として歴史的に大きな役割を果たしてきた。同病院は、県北地域住民の文字通り「最後の命の砦」なのだ。この県立病院の存在があまりに大きかったがゆえに、ほかに大きな民間病院が育ってこなかったという側面もある。かつては医師数も十分で、病院としての経営方針が「症例数を増やすためにも、二次・三次医療に限定せず初期診療の段階から積極的に診る」というものであった時代があるくらいだ。

平成一四年、その県立延岡病院の麻酔科医師五名全員が一斉に退職し、問題が顕在化した。実際にはそのずいぶん前から勤務医の皆さんが待遇改善（過重労働の解消）を求めていたにもかかわらず、状況が変わらないとして退職に至ったものだ。

時期的にはこれに少し先立って、（県立病院とともに地域医療を担う準中核病院たる）延岡市医師会病院がその規模を一六八床に拡大して新築移転する計画が進行していたのだが、医師会会員の中に「投資が大きく、経営が不安だ」という反対意見が続出し、結局は縮小さ

県立延岡病院

れて一〇八床で決着した。これを不本意とする当時の医師会役員がみな辞任するなどの混乱があったことも、県立病院の医師退職問題に影響した可能性がある。医師会病院や併設の夜間急病センターなどが強化されることで時間外などの一次救急の負担が減ることへの期待があっただろうから、当てが外れたという思いを持った勤務医もおられたかもしれない。

私が市長になってからも、医師不足と偏在の解消に向けて、特に県立延岡病院の医師数確保については苦労が多かった。県立ゆえに当方として直接に手出しをすることはできないけれど、県知事や県の病院局に医師確保の要望を重ねたり、先生方の意向調査をしたり、派遣元の大学の医局を回って協力をお願いしたり、という具合だ。

病院局はこちらが直接医局を回ることには初めはあまりいい顔をしなかったが、私としては市民の命がかかる問題だけに遠慮しているわけにはいかず、「やれることはなんでもやる」と宣言して取り組んだ。のちには理解してくれて、しっかり連携を取ることができたと思う。市民団体にも要請して「県北の地域医療を守る会」（そして経済団体による「地域医療を守るネットワークの会」）を結成してもらい、官民挙げての活動として推進していこうと様々に知恵を絞ったものだ。

ある職員から、「立場を超えて市民全体で取り組もうという姿勢を明確にするためにも、条例をつくってはどうでしょう」と提案があり、平成二一年に「延岡市の地域医療を守る条例」を制定した。この条例は、市民、医療機関、行政がそれぞれの責務を自覚し、連携して地域医療を守っていこうという決意を表すものであり、あわせて、市民全体で健康長寿をめざす意識を持つことの重要性をも謳いあげるものになった。全国の市町村で初となる条例で、各方面から注目を浴びた。制定から八年が経った今でも、他の自治体から年間に何件も視察を受ける状態が続いている。

また医療機器産業という切り口から見れば、宮崎県北地域は旭化成株式会社の世界最大規模の人工腎臓製造拠点であり、メディキット株式会社の医療機器製造工場も立地しているなど、すでにこの分野の産業がいくつか集積しているのだが、さらに宮崎、大分両県あげてこれを発展させようと「東九州メディカルバレー構想」が進められている。この構想と本市の「延岡市メディカルタウン構想」はほとんどシームレスにつながっていて、両構想のもとでこの地域を医療機器関連産業のさらなる一大拠点に発展させようと奮闘してきた。この関連で県にもご協力いただいて宮崎大学に寄付講座（血液・血管先端医療学講座）を開設し、県立延岡病院内に産学官連携拠点が設置された。この拠点作りは、実は地域医療面でもプラスに働いていて、講座の先生が県立延岡病院での診療にもあたっていただいている。

地域医療を守る会の活動

また、延岡市医師会のご協力を得て、延岡市夜間急病センターでの準夜帯（夜七時三〇分～一一時）、深夜帯（夜一一時～翌朝七時）の診療体制充実を図り、夜間・休日の一次救急体制を拡充してきた。同様に、医師不足のため県立延岡病院で受け入れができなくなった脳梗塞患者や消化管出血患者の救急輪番制も平成二一年に緊急避難的に始めたが、これは今も続いている。

他にも、新規開業促進補助金制度をスタートさせていくつかの医院を誘致するなど、数々の手を打ってきたが、やはりなんといっても、前述の「県北の地域医療を守る会」の皆さんの活動など、全市民あげての取り組みが進んだことが最大の効果を上げた。数多くの講演会やシンポジウム、市民意識啓発活動、医師の先生方に感謝する運動などで市民全体の意識が変わり、安易な時間外受診、いわゆるコンビニ受診は激減した。県立延岡病院での時間外救急患者数は平成一九年度には九二三七人だったのが、六年後には四六八三人と半減した。医師の過重労働抑制という意味では大きな効

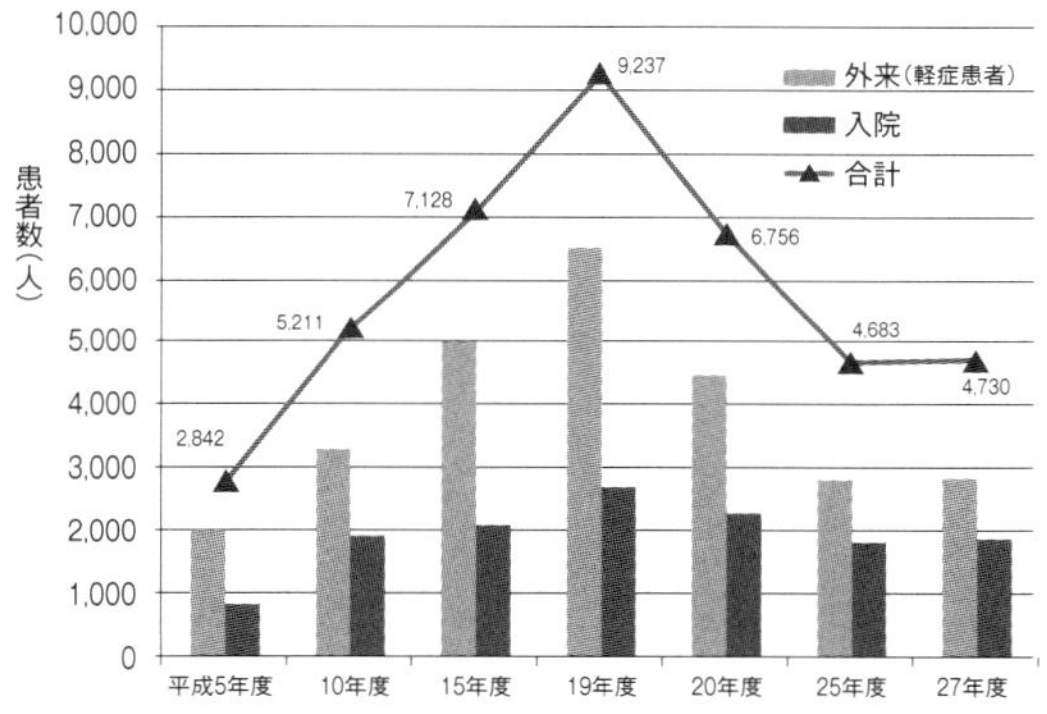

県立延岡病院への休日・夜間救急患者数

果を上げたと思う。

おかげで医師数も若干回復し、ひところの危機はひとまず回避できた。

けれども、それで現在の地域医療体制が磐石のものになったかといえば、そうではない。輪番制は医師会の先生方に大きな負荷がかかっていて本来的な体制ではないから、早期に正常化すべきだと思う。そのためには県立延岡病院のさらなる医師補充が不可欠だ。

また、医師の偏在は全国的にも全県的にも解消されていないし、本市の医師会の先生方の高齢化も進行しているので、将来的には不安が大きい。

こんな状態で、国が推進しようとしている在宅医療などの体制が取れるのかという課題もある。在宅医療においては医師だけでなく、介護、福祉等、各分野の専門職にわたる連携が必要となり、よりいっそう難しさが増すと考えられる。実際にはもうすでにその協議が進められていて、連携支援のために市の窓口も設置したところだ。

地域医療というのは大事なテーマだけにページを割いて長々と状況を説明してきたが、過日、宮崎県北の他の市町村に呼びかけて首長さん方に一堂に会してもらい、県立延岡病院長と宮崎大学の地域医療・総合診療医学講座教授にも参加いただいて意見交換会を行ったことは有意義だった。地域医療体制については、自治体が首長を先頭にもっと踏み込んでいかなければいけないテーマだと感じている。

## 社会保障関係費の膨張

日本の国家財政および地方財政において最大の課題は何かと問われれば、私なら「社会保障関係費のとめどない膨張だ」と答える。

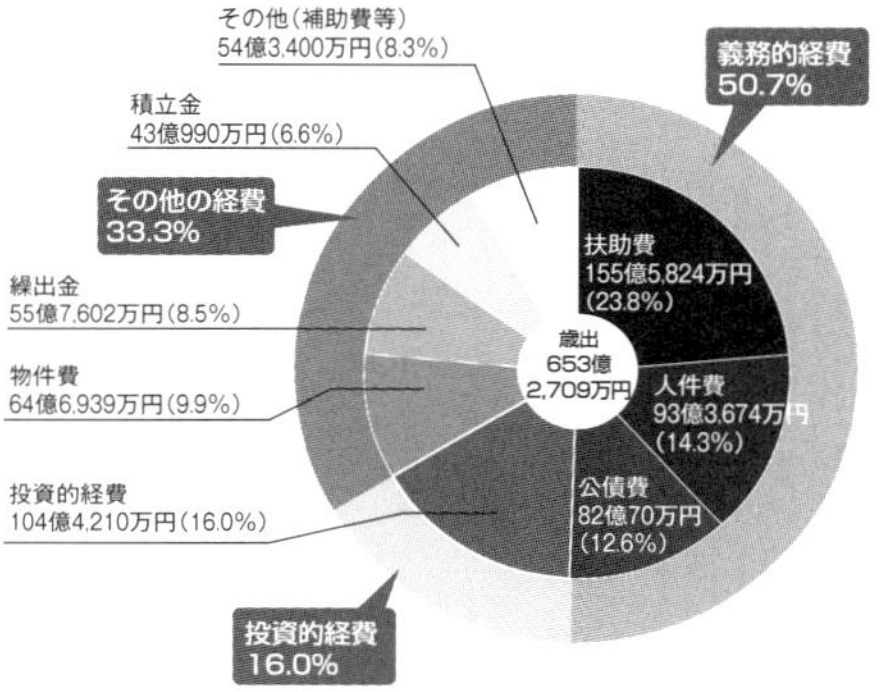


平成28年度一般会計予算

自治体としては、医療や介護などについて特別会計を運用しているが、なかなかに課題が多い。

延岡市の普通会計（ほぼ一般会計と同じ）における「扶助費」について見てみよう。このほとんどは障がい者・児童・高齢者への支援や生活保護などに充てられるもので、医療や介護などの特別会計と同様に支出の急増が大きな問題となっている。多くが法に基づく給付や支援だから、市の財政の問題といっても結局は国の政策問題に帰結する。

平成元年頃までは四〇億円あまりで推移していたのが近年大きく増加の一途を辿り、平成二八年度予算で見ると実に一五五億円を超えてしまっている。市の普通会計支出の四分の一（二三・八パーセント）が扶助費ということだ。費目別でダントツの一位となっている。ちなみに、昔は費目別では人件費の比率が最大だったのだが、こちらは人員削減や給与水準の見直しなどでずいぶん金額は減少し、現在は九三億円ほどで一四・三パーセントだ。

この扶助費を含む社会保障関係費の増加には全く歯止めがかかっていない。一般財源ベースでどう推移したかを付言すると、平成元年に約一八億円だったものが、平成二八年度には約八八億円と、およそ五倍となっている。一般財源というのは市の自前の財源なので、この数字の方がより正確に市の懐具合を反映している。

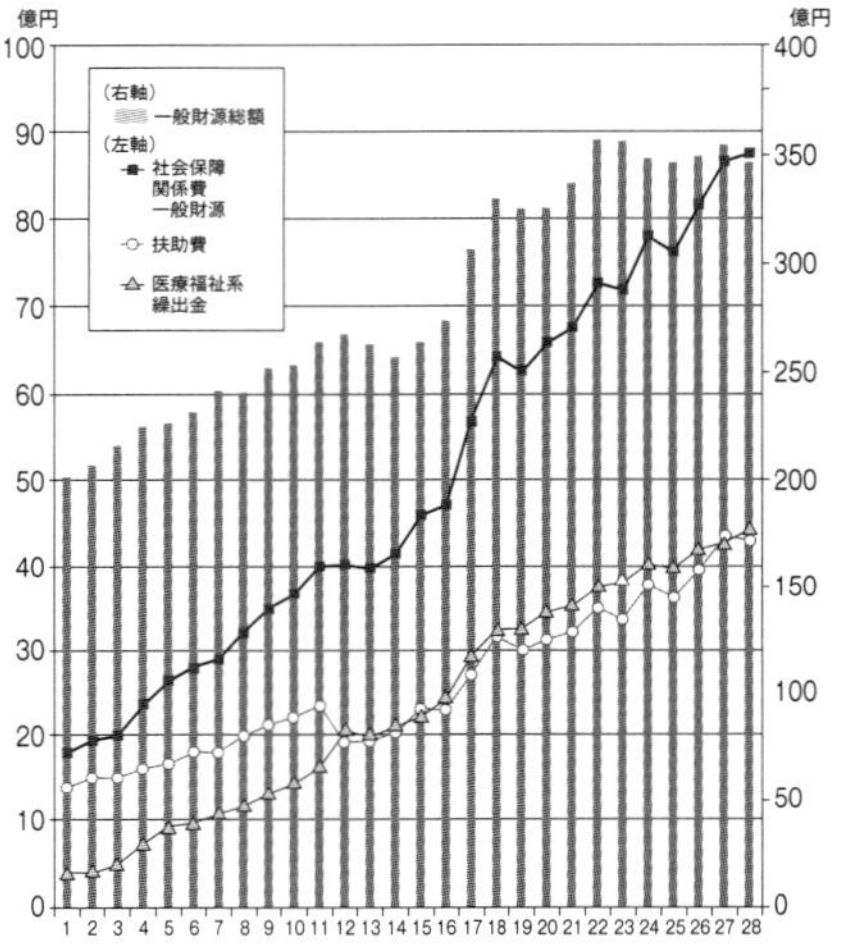

社会保障関係費（一般財源）と一般財源総額推移

社会保障関係費はこれからも年々さらに重荷になっていくだろう。破綻しないように抜本的対応をせねばならないのは明白だ。

また、国全体の話をすれば、社会保障の根幹を担う医療、介護、年金は社会保険制度で運用されていて、負担と給付のバランスが悪化しすぎている。社会保障給付がどれだけ増えていて、それぞれの保険料収入とどれだけのギャップ（赤字）が出てきているかはしばしば報道されるので、問題意識を持っておられる方も多かろう。保険料の値上げや税負担増については当然ながら国民の反発は強い。かといって、給付水準を下げるのは日本社会のセーフティネットを劣化させることであって社会不安を招く。ここにどう真正面から向き合って解を出していくかが政府の最大のミッションだと思う。

ＧＤＰが増えれば税収も社会保険料収入も増えるので、現政権としては、均衡財政政策よりも経済成長を促す政策を志向し、そのために思い切った財政出動や金融緩和を行ってきた。だが、注ぎ込まれた資金は設備投資や研究開発費などに向かわず、企業の内部留保や個人の預貯金の数字を増やす結果になってしまっている。最近は、ＮＩＳＡ（少額投資非課税制度）などを拡充することで個人の預貯金を株式投資などへ誘導し、上場企業の事業展開を活発にしたいとの思惑も感じるところだが、企業側はどうも過去の円高やリーマンショックなどでの苦労が身にしみているのか、リスクを取ってでも積極的に事業展開を図ろうとするマインドが薄いように思う。

であれば、前に書いたように、資産への課税や累進税率の強化などを導入してはどうかと私は考える。「金は天下の回りもの」というように、回ってこそ価値があるのがお金だ。使われないままタンスや銀行の金庫の肥やしになっているお金の一部は税として社会をよくするために使われてしかるべきではないか。その結果、私たちが老後も安心して暮らせるようになり、格差社会に生じた自暴自棄の通り魔的犯罪などの社会不安もなくなるのなら、そんなに文句も言われないんじゃないだろうか。これは国際協調のもとで実施しないと、合法であるか違法であるかを問わず国境を越えてお金は流出しようとするだろうから、資産課税の本格的な実現には各国の相当の覚悟が必要だろうとは思う。

また、国としては、こうしたことと引き換えに老後も安心と言える安定した社会保障制度を提供することが求められるし、これまでたびたび指摘されてきたようなデタラメなお金の使い方は根本から改める必要がある。今の会計検査院は一二〇〇人余の人員構成だが、細部にわたって検査や指導を行うためにもっと大幅に増員し、権限を強化するなどの組織変更を行ってはどうだろうか。こうした改革を合わせて行えば、国民の一定の理解は得られるのではなかろうか。

マイナンバーの功罪

## マイナンバー制度

（15年10月30日）

皆さんこんにちは。市長の首藤です。

「海外では、日本人=勤勉であると考えられていると日本人は思っているかもしれないが、実はそうではない。残念ながら、『日本人はモチベーションが低く、労働生産性も他の先進国と比べると低い』というのが世界では知られつつある現実である」（「会社に居座る日本人」と題するシリコンバレー在住の経営コンサルタント、ロッシェル・カップ氏のインタビュー記事〈「プレジデント」15・8・17〉より）

日本の労働生産性の低さは常々指摘されてきたことではありますが、この記事を読んだ時はあらためてショックを受けました。私は、こうした生産性の低さは将来にわたって国の競争力を削ぐし、ひいては国民の幸せを阻害すると考えていますので、日本という国のシステム全体について生産性を高める構造転換が必要だと思います。皆さんはどう感じますか?

さて、マイナンバー制度がスタートします。今月、番号通知が始まり、年が明ければいよいよ利用開始です。

このような変化に乗じて悪事を働こうとする輩はいつの世もいるもので、マイナンバー関連の詐欺事件は未遂も含めてすでに多く確認されています。

そして、マスコミ報道の中には意図して不安を煽っているのではないかと思わせるものがあったりして、巷間、今でもどちらかといえば制度導入に懐疑的な声が多いように感じます。マイナンバーと同様の制度を導入した他国の例として、アメリカや韓国において成りすましなどの犯罪が多発しているというようなこともセンセーショナルに報じられ、国民の不安に拍車をかけているようです。

しかしながら、例えばエストニアのように、マイナンバー先進国としてすでに三〇〇〇種類ものサービスを提供しながら大きなトラブルのない国もあります。また、日本でももっと古くから制度が導入されていれば、例えば「消えた年金」問題なんか発生しなかったとも言われています。つまり、制度そのものに善悪があるわけではなくて、運用次第ということでしょうか。

さらに言えば、今回のマイナンバー制度においては、各地方自治体の発想次第で一定程度は運用の幅を拡大することが認められています。実際、庁内から数件の利用提案が出てきているようです。

すでに制度が動き始めた今となっては、導入の是非についての議論は意味を持たず、「最善の運用を目指す」ということしか選択の余地はないのですが、何をもって「最善」

となすかは、この制度の捉え方によって決まります。つまり、犯罪などが起こらないように、あるいは監視社会にならないようにという観点だけから考えると、なるべく使える範囲を限定して、応用も利かないようにするのが望ましいということになります。

逆に、冒頭述べたような、国全体の生産性を高めるという観点から見ればマイナンバー制度は非常に有効です。課税客体を一元的に把握することで税の取りっぱぐれをなくすなんて矮小なことでなく、国全体の効率化、特に事務分野の生産性を高めることに大きなメリットがあります。

個人的には、医療分野に活用することができれば財政負担を軽減しながら国民の命と健康を効果的に守る仕組みが作れるはずだし、それだけでもマイナンバーの意義は格段に増すと思っていますが、国としては当面難しそうですね。

不安要素や脆弱部分については徹底して対策を講じつつ、地方自治体として活用の知恵を絞るという姿勢が大切ではないでしょうか。

（16年12月28日）

## 生産性を高める

皆さんこんにちは。市長の首藤です。

今年もあと三日を残すのみとなりました。東九州自動車道が北九州から宮崎までつながった年であり、リオデジャネイロオリンピックで延岡勢が大活躍した年でもありました。熊本地震や台風一六号災害もありました。市の事業としても、エンジン02の開催や市庁舎のグランドオープン、駅周辺整備の本格着工、東九州バスク化構想スタートなど、中身の濃い一年であったと言えるでしょう。みなさんにはよく頑張っていただいたと思います。本当にお疲れ様でした。

国際社会においても今年は変化の多い年でした。イギリスの国民投票でまさかのEU離脱決定、アメリカの大統領選挙でまさかのトランプ氏勝利、韓国の朴槿恵大統領の失脚、オバマ大統領やプーチン大統領の訪日などめまぐるしい動きがありましたし、南シナ海や東シナ海でも危なっかしい局面が続いています。

こうした中、先週には国民一人当たりGDPの世界ランキングが発表されました。日本はGDP総額では今でも世界第三位ですが、一人当たりとなるとぐっと順位が落ちて、OECD加盟国三五カ国の中で二〇位という過去最低順位となりました。円安に振れる中にあっても、購買力平価で補正すると二七位までさらに順位は落ちるという指摘もあります。

これは真剣に受け止めなくてはいけないことだと思います。GDP総額も大事ですが、以前からずっと言われているのは、「日本は経済大国なのに生活の豊かさの実感がない」ということだからです。

中国は世界第二位の経済大国ですが、それは一三億人を超える巨大な人口のもたらす結果であって、一部の富裕層を除けば、中国人の多くが豊かな生活をしているとは誰も思っていません。

同じことが日本についても言えるのです（日本が世界第三位の経済大国であるのは人口が多いからということ）。ライバルと目されるドイツでこそ八〇〇〇万人の人口がありますが、イギリスやフランス、イタリアなどは日本の人口の約半分の六〇〇〇万人程度なのです。

欧米先進国に引けを取らない豊かな暮らしを実感するためには、一人当たりGDP、すなわち労働生産性をもっと高めねばなりません。日本人は勤勉だとか働きすぎだとか言われながらも「ジャパン・アズ・ナンバーワン」ともてはやされたのは過去の話だと割り切って、これからのことをしっかり考えるべきです。

以前から繰り返し指摘されるように、製造業と比べてサービス業の生産性は相当に低いのですから、地域最大のサービス業たる市役所が率先して生産性向上に努めるべきではないでしょうか。

もっと働き蜂のように頑張ろうということではありません。日本の生産性が低いのは国民が怠け者だからなんてことは絶対になくて、仕事のしかたの改革が進まないことが原因と考えるべきだと思います。

コンピューターの活用度の低さも問題ですし、そもそもマイナンバーなどの情報プラットフォームの整備もなかなか進みません。消えた年金問題なども背景となってせっかく導入を進めようとしているのに国はどうにも腰が引けていて、情報漏洩などで大きな問題が起きないようにということで、マイナンバーの用途を極端に限定しています。画期的に便利なツールは導入するけれど、あまり活用しないから安心してくださいということですね。大きな成果が生まれるはずもありません。

正しい道は、セキュリティなどのリスクに十分注意を払いながら、できる限り効果的に活用することだと思います。医療情報などはその筆頭です。

マイナンバーは一つの例ですが、他にもどうすればコストや時間を節約して成果を上げることができるか工夫を凝らすべき糸口は山ほどあります。別の例を挙げれば、三つの道の駅が新年に経営統合するのは生産性の高い経営を目指すための大きなステップですから、どう実務を組み立て直すかが大切です。また、今は IPK-Office を使っていますが、こんなグループウェアなどをもっと活用してさらなる仕事の効率化が図れないでしょうか。他にも身の回りの「カイゼン」の余地は多いはずです。

ところで、今日の朝刊に、非常勤や非正規の地方公務員にもボーナスを支給できるよう制度改正すべきだという報告書を総務省の有識者会議が提出したとの記事が出ていました。

自由経済グローバル化の中、各国で進行した貧富の格差拡大への不満がエネルギーとなって世界の右傾化や政治的混乱を生んできました。正規・非正規の格差などはその文脈の中にありますから、これは是正されるべきです。

多くの民間企業で、非正規の人件費を絞ることで利益の確保を図ってきた面があるのは事実でしょう。しかし、格差の是正と、先に述べた生産性向上。もともとこれらは相反するものではなく同時に達成すべき課題だと考えなくてはなりません。

ともあれ、明日から年末年始の休みに入ります。この間も仕事をしていただく職員の皆さん、ご苦労様です。どうぞ、作業等において事故などないように気をつけてください。みんなでいい新年を迎えましょう。


労働生産性とマイナンバー制度に関して二つのメッセージを続けて載せた。

マイナンバー制度そのものが国民にとって不安な制度だという声がある。特に情報漏洩などセキュリティ面で心配する向きは多いし、そして国による監視社会の道具となるのではないかという疑念を持っている人たちもあるようだ。

今のところ、マイナンバーの利用範囲は、社会保障、税、災害対策の分野に限定されている。しかも、仮に情報が漏れても重大な結果を招かないように、行政機関の相互利用などには大変慎重だ。情報が芋づる式に悪意あるものの手に渡らないように、ぶつ切りにされているのだ。

なぜそんなことになっているかというと、「セキュリティが心配だ」という声を打ち消すために、「極力狭い範囲に限定して使いますから、万一の場合も大きな心配はありませんよ」というスタンスを国が取ろうとしているからだろう。フル活用するつもりがないのだったら導入しなければいいのに、と思う。このあたりに税務当局の本音が透けて見えると思うのは私だけだろうか。「本当は国民の利便性を高めたり生産性を上げることなんかどうでもよくて、税の取りっぱぐれを防ぐことにしか関心がないんじゃないの?」と意地悪く考えてしまう。

もちろん私も、セキュリティに一抹の不安はある。しかしそれ以上に、このままだとますます日本は経済的にも凋落が進んで三流国に成り下がってしまうという不安の方が大きい。それほどの事務効率格差が他国との間で開いていくのではないかという不安だ。

ひとつの喩えとして、競合している民間企業のA社とJ社があったとしよう。A社では人事管理や給与業務などを全てコンピュータで行っているのに対し、J社では紙台帳に電卓という体制だとする。扱っている商品などでは大きな差がないとしたらどちらが勝つだろうか。過去にもこうした効率的な体制が取れていなかったせいで、国民に「消えた年金問題」という、情報漏洩どころではない被害が出ている。今後二度とあのようなことが起こってはならない。

また、社会保障分野は利用範囲に含まれてはいるが、例えば医療に関して見てみると、医療保険等の保険料徴収手続きなどという程度の活用レベルにとどまるようだ。本質的な医療情報、つまり電子カルテだとか服薬記録、アレルギー情報など、場合によっては命を救うことになるかもしれないような活用方法まで視野に入れてほしいと願う。しかもそれが効率的にシステム化されれば医療費削減にも寄与するはずだ。

繰り返すがセキュリティを軽視していいわけではない。

かくあるべしというスタンスは、「徹底したセキュリティ対策を実施した上で、社会の効率化と利便性向上のため、マイナンバーをフル活用する」ということだと思うのだがどうだろう。

## 自然災害への心構え

安心・安全ということでいえば、自然災害への備えも重要だ。東日本大震災以降、特に南海トラフ巨大地震がクローズアップされてきたが、日常的には台風災害や大雨による土砂災害などの発生確率がはるかに高い。

延岡市の場合は、三町との合併以降、台風襲来時などにおける被災頻度が以前とは比べ物にならないほどに激増した。最近でも、平成二八年、二九年と立て続けに北川町曽立地区などで重大な床上浸水が発生し、これは私としてもショックだった。平成二八年水害の反省から今年は仮設排水ポンプを設置していて、ある程度の出水であればなんとかしのげるのではないかと期待していたからだ。

大分県をはじめ全国各地で大きな被害が出たので北川が取り立てて大きく報道されはしなかったが、実際には北川地区の雨量そして浸水規模は全国ニュースになった前回を超え過去最高レベルを記録した。仮設ポンプと並行して、もっと抜本的な対策についても県との間で協議を続けてきていたのだが、それをこの一年間で形にできなかったことは本当に悔しい。早急に次の手を打たなければならない。

ところで、自然災害というものに対処するにあたっては、「自助（自分で自分自身や家族を守る）」「共助（地域などでお互いに助け合う）」「公助（行政が守る）」という区分での心構えを意識することが大切だ。といっても、市役所として「公助」をあまり狭く捉えすぎてはいけない。「自助」や「共助」が機能するように意識啓発をしたり環境を整えることも行政の役割だ。

そして、発災時に一番大切なのは初動だ。つまり、その発災現場においてまずは当事者がその場でどう判断し行動するかなのだ。この段階ではまずは「自助」、つまり各人が自分の命を守る行動をとること、そしてそのために必要な備蓄品などの備えを普段からしておくことだろう。

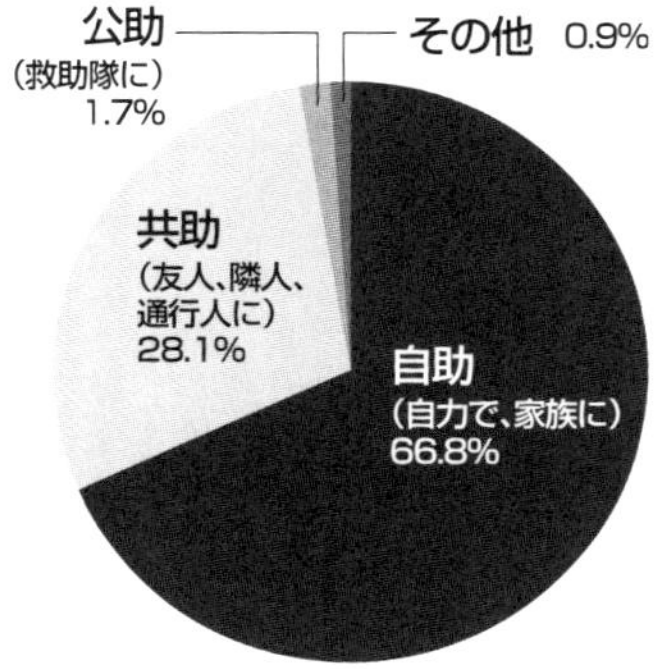

阪神淡路大震災で誰に救助されたか
（日本火災学会の調査）

行政としての初動も重要な意味を持つ。

大きな自然災害が発生したら、首長として最も重要なことは、①駆けつける、②体制をつくる、③状況を把握する、④目標や対策を意志決定する、⑤住民に呼びかける、の五点だと言われている。

市役所としては危機に際して災害対策本部を設置して組織的に対応するのだが、最終的に責任を取れるのは市長しかいない。私としては、仮にどこかの段階で何か重大なミスがあって市民に危険が増すようなことがあったら、いつでも自分が辞めて責任を取るくらいの覚悟は普段からできているつもりだ。その覚悟の上で、平素からの備えと発災時の体制確立には万全を期さねばならない。

# 8 市民協働のまちづくり

## 市民力開花のきっかけ

### 竜巻災害を乗り越えよう

（06年9月20日）

延岡市職員の皆さんへ

おはようございます。市長の首藤です。

今回の台風一三号の竜巻による被害は大変なものでした。お亡くなりになった三名の方々、そしてご遺族に対して衷心より哀悼の意を表します。また、六キロメートルにわたった竜巻の爪あとは、今はブルーシートの列として痛ましさを感じさせます。各所に残る被害の跡、たとえば壁面に突き刺さったままの瓦の破片などを見ると本当にぞっとします。皆さんの中にもご自宅が被災された方がたくさんいらっしゃいます。心よりお見舞い申し上げます。

昨夜、複数の市民から、今回の災害後の対応についてのお電話などがありました。共通しているのは、「災害後の市役所の対応が大変早かった。」また、「ボランティアの人たちもずいぶん早く来てくれて、短時間で災害ごみの片付けができた。」というお褒めの言葉、あるいは感謝の言葉でした。

実際、今回の皆さんの対応は素晴らしかったと思います。

被災後、暗くなるまでの数時間のうちに対象全世帯の安否確認を行っていただきましたし、翌朝には早速二〇〇名を超える職員がボランティアに参加していただいておりました。本当にご苦労様でした。

そして、今回は社会福祉センターが災害ボランティアのセンターとして稼動したのも大変早く、被災翌早朝でした。組織化されたボランティアは約七〇〇名と聞きました。これに、ご近所の被害復旧の手伝いに行ったというような、未組織の人を加えると、ボランティア総数は数千名になるのではないでしょうか。

まさに、いわゆる「共助」の姿をそこに見ることができます。

災害対策本部としては、各班ごとに迅速な気持ちのこもった対応ができていたと思います。本部長として、皆さんの献身的な働きに対して心から感謝します。大変な被害でしたが、まだ復旧が終わったわけではありません。全員の力を結集してこれを乗り越えていきましょう。

この竜巻被害の経過については第一章ですでに述べているので、ここでは復旧に関して記しておきたい。

前年の台風被害が大きかった反省から、市長就任直後の四月に防災推進室を新設して平素からの防災に本格的に取り組んできていたのが、この予期せぬ災害からの復旧に役立った。この部署を軸とすることで迅速に対処できたということもあるが、特筆すべきは災害ボランティアの事前登録制度をスタートしていたことだ。

東日本大震災や熊本地震などを見てもわかるように、大規模な災害であるほど復旧のために多数のボランティアが集まってくれるし、その力は本当に大きい。私自身も、阪神淡路大震災の時や平成一七年の北方町（翌年に延岡市と合併）での洪水災害時にボランティア作業をした経験があって、なんとかならないかと感じていたことがある。すべからくスピードが大事とされる災害対応だが、ボランティアの力が発揮されるのは被災後数日が経ってからなのだ。

では、ボランティアがどんな経過をたどって現場に集結するかというと、
①災害が発生する
②新聞やテレビで被害状況が報道される
③それを見た心ある市民がボランティア作業に参加しようと思い立ってくれる
④現場に駆けつける
ということになるのが通常だ。つまり、被災後、ボランティアが集まるまでには報道というプロセスを挟むために、どうしてもそこには被災後一日程度のタイムラグが生じるということになる。しかも自発的な善意の個人の集合体だから、人数もその日にならないとわからない。

被災直後にまず重要なのは初動体制だ。市内でいざ自然災害が発生した時、間髪おかずタイムリーに、ある程度予想できる人数のボランティアが集結してくれるとしたらこんなに心強いことはない。また、多くのボランティアが個人個人で被災地に殺到すると混乱が生じるので、効果的な活動のためにはボランティアコーディネーターの存在が欠かせない。こうした受け入れ側の体制作りにも時間がかかることが多い。

延岡市では、平成一八年度当初に、「もし何か自然災害などが起こったらできるだけボランティア作業に参加します」という意思を示してくれた個人や団体の方々に事前登録をお願

いして「災害ボランティアネットワーク」という仕組みを発足させた。もともと組織化されたボランティアだから、その方々に対しては竜巻災害発生後、力を借りたいという段階ですぐさまメールなどで連絡することができ、コーディネーターの体制も最小限で活動可能だった。そのため、夕方になって被害の全容がようやくわかってから連絡したにもかかわらず、翌朝には約一〇〇〇名（当初七〇〇名と報告を受けていたが情報整理後に一〇〇〇名に修正）ものボランティアが集結してくれた。後片付けやがれきの除去作業が迅速に進んだのはこの方々の力によるものだった。

その翌日に早速東京から防災担当大臣をはじめ国の職員が多数視察にお越しになったが、その時にはすでに相当片付けが進んでいたから「まだ二日経っただけなのに」と驚いておられたものだ。

またこの時のボランティア体制が大きな力を発揮したことに、市民の皆さんも手応えを感じてくれたのだと思う。これが、のちに様々なイベントのボランティアとして、さらには種々の市民活動として、市民力が花開くことになったきっかけではなかったかと考えている。

災害ボランティア

## 市民協働のまちづくり

市長に就任以来、一貫して「市民協働」をベースに置きながら様々な施策を進めてきた。

最初の頃は「市民協働って聞いたこともないけど、どんな意味?」という素朴な疑問をぶつけられることもあったが、最近では少なくともこうした言葉自体は定着してきていると思う。

かつて私自身がいくつかの市民活動に関わるなかで、一般にこうした団体は財源が常に厳しく、事務所を持つことすらも大変だったことを経験してきていた。こうしたことを踏まえ、市民ボランティア団体の支援策として、共同事務所のようなものを公的な施設として提供できないかと考えた。ちょうど医師会病院が別の場所に新築移転したところだったので、それに伴ってこの共同事務所を形にすることにした。元の建物で新耐震基準に適合している病棟だけを壊さずに残して再利用しようという発想だ。以前は病室として使われていた個室を活用して、一つの団体に一部屋ずつ長屋風に提供したらいい。これが「市民協働まちづくりセンター」の発端だ。

市民協働まちづくりセンター

多くの市民団体に声をかけて何度も集まってもらい、センターの使い方について数カ月かけて議論を重ねた結果、個室の壁を全部取り払って大部屋にした方がいいという結論になった。オープンスペースの中で団体同士がお互いにどんな活動をしているのか情報交換ができ、相互に支援するなどのシナジー効果が出るはずだという考え方でまとまったのだ。

こうしたプロセスに時間がかかったものの、そのとおりの形でセンターがオープンし、そのとおりの効果が生まれた。

これが、延岡で市民協働のまちづくりが盛り上がっていくための重要な拠点として機能したと思う。かねてより市民団体の手で「天下一薪能」や「第九を歌う会」などの素晴らしいイベントが毎年開催されてきたように、延岡市は昔から市民力の高い地域だったのだが、その後、その力は倍加していったと感じる。

前述したように「地域医療を守る会」が大きな成果をあげたり、「延岡花物語」のような大きなイベントが市民主導で生まれたり、防災士や災害ボランティアが数多く生まれたりという展開は素晴らしいものであると思う。

阪神淡路大震災の時にいっしょにボランティア活動で頑張った猪狩

延岡花物語

信浩君が平成一九年に延岡で設立した「宮崎県防災士ネットワーク」は、県内全域に活動が拡大し、会員数も当初は三二名だったのが今や三〇〇〇名を超える大きなNPO法人に発展して宮崎県全体の防災活動の一翼を担うまでになった。無念にも、彼は昨年五四歳という若さで病気で亡くなったのだが、その遺志は多くの会員に引き継がれている。

また、「東京ガールズコレクション（TGC）」や「エンジン01オープンカレッジ」などといった大規模なイベントにも本当に多くのボランティアが参加してくれた。他のどこの都市でやったときよりも素晴らしい大会だったという賛辞をそれぞれの出演者から受けたのは決してリップサービスではなく、こうしたボランティアのサポート体制が背景にあったのだ。

## ソーシャルキャピタルとは「ご近所の底力」

この状況を説明するときに、少し理屈っぽくはなるが、「ソーシャルキャピタル」という言葉を使わせてもらっている。直訳すれば「社会資本」となるのだろうが、それでは「公共インフラ」という意味とこんがらがってしまうので、一般的には「社会関係資本」と訳されているようだ。

時代をさかのぼれば、この言葉は一九世紀に登場したものらしい。二〇世紀の終わりになって、アメリカの政治学者ロバート・パットナムが、イタリアの北部と南部でそれぞれの州政府が同じような政策を実施してもその効果に差が出ることに着目した分析を行い、その原因は「ソーシャルキャピタル」の違いによるものであるとした。これがきっかけとなって、一般に知られるようになったとされる。

様々な面での市民参加の伝統、つまり、選挙でどれだけ多くの市民が投票に行くかとか、新聞をどのくらいの人が読んでいるか、教会の合唱団やライオンズクラブやサッカークラブにどれだけの人が所属しているかなどが、政策の効果が大きかった地域では強い正の相関を示したという。

一つの社会を構成する人間同士の信頼関係や結びつきが強く、また、その社会的規範が強固なものであれば、警戒心などからの物心両面のコストが小さくて済むため、その社会の自律性や効率性は大きく高まる。

最近でこそ地方でも物騒な事件がニュースになるが、昔は近所への外出くらいなら鍵をかけないでも別に不安を感じることはなかったという経験を持つ人も多いだろう。そんな時代には、都市部であっても、町内一斉清掃などという行事にもみんなが参加するのが当たり前だった。また、自分の家の前にゴミが落ちていたりしたら、そこが公道であっても自発的に片付ける人は今でも多いに違いない。みんながお互い様という精神でそうした行動に加われば、頻繁に道路の清掃や草刈りをすることにかかる予算を少しでも他のことに回せて、市民みんなの税金の効果的活用が図れる。つまり、社会の効率性が高まるわけだ。

もっと極端な例を出そう。もしも世界各国の信頼関係が十分なものになって戦争の不安から解放されれば、軍備にかけるコストは不要となり、そのぶん効率的な国家運営が可能となるだろう。それが理想とすべき国際社会のありようだ。

いささか飛躍しすぎて逆にわかりにくくなったかもしれないが、そうした結果をもたらす源となる資本という意味で、この「ひとつの社会における人々の『信頼』、『お互い様の規範』、『ネットワーク（絆）』など」を「ソーシャルキャピタル」と呼ぶ。

日本大学の稲葉陽二教授は、東日本大震災のさなか、警察も機能していないのに治安が維持され被災者がお互いに譲り合う姿が見られたことなどについて、世界から賞賛された日本人の協調的な行動の背景にはこの社会関係資本があると指摘されている。

「市民社会資本」と訳したらどうかという人もいるが、私が説明するときには「ご近所の底力」と表現している。これは以前ＮＨＫで放送されていた番組のタイトルで、番組内容は、地域防犯やゴミ分別問題などの地域の課題をご近所の皆さんがみんなで知恵を出して解決しようというものだった。放送終了後一〇年近くが経過したので、この喩えもそろそろわかってもらえなくなってきた。

現代日本において都市化が進むほどに、このソーシャルキャピタルは低下してきた。個人の権利意識ばかりが強まり、責任ということを省みなくなった人が増えてきたと感じる。だが、都市においても市民同士の結びつきを強めることは可能なのではないか、そのための施策を講じることが市民協働のまちづくりを進める上で必要なのではないか、と私は考えている。

延岡市では第五次および第六次長期総合計画のキャッチフレーズを「市民力・地域力・都市力の躍動するまち　のべおか」とした。実はこの「地域力」こそ、ソーシャルキャピタルの高揚した姿に他ならない。

## 協働共汗事業

市長に就任する前から、座右の銘はと聞かれると、「一燈照隅　万燈照国」と答えてきた。自分自身が一つの灯《あか》りとなって周囲をわずかにでも照らすことができれば、そして同じ思いを持つ人びとの灯りが同様にそれぞれの周囲を照らせば、それはやがて国全体を照らすことになるというような意味だ。暗闇にかすかに灯った灯りがいつしか燎原の火のごとく拡がり世界に光をもたらす、そのビジュアルなイメージが好きだ。

最近では、延岡市において市民協働のまちづくりが様々な分野で展開され成果を生み出してきていて、これはまさしく「一燈照隅　万燈照国」の理想が具現化されてきていると言っても良いのではないかと思う。市民の皆さんが自分たちの活動でその周囲を少しずつ明るくしてくださり、それに共感し触発されるように市民協働の輪がさらに各方面へと広がっていったということだ。

延岡市のソーシャルキャピタルはこのように高いレベルにあると思うのだが、そこにいたるまでには、市民協働まちづくりセンターのようなハード面だけでなく、ソフト面での施策も背景にあった。

怪我の功名とも言えるのは「協働共汗道づくり事業」だ。

多くの自治体が財政的に四苦八苦している中にあって、延岡市も例外ではない。しかし逆に市民からの要望は増える一方というのが現実だ。福祉、産業振興、インフラ整備、教育環境整備、住民サービス拡充などなど、その要望は多方面に及ぶ。昔はもっと公共事業にも予算を割ける時代があったが、現代日本は医療、福祉等の社会保障関係費が爆発的に増加し、道路整備などにかける予算は激減した。市民からは市道整備の要望も多いのだが、とても応えきれるものではない。そこで、なかでも簡易なものについては、工事を業者に発注するのではなく、「地元の皆さんで作業をやってくださるのであれば、材料や機械器具は市から提供します」という制度を作った。この事業は、市民協働で共に汗を流し道づくりをする、という意味合いで「協働共汗道づくり事業」と名付けた。

このように、要望に応えきれないから仕方なく市民に協力を仰いだのが元々のスタートなのだが、これが予想外の結果をもたらした。

市道の脇にある幅三〇センチほどの側溝が通学時に危ないということで、側溝のふたがけを要望していた地域があり、ここが事業第一号となった。実際にやってみると、近所の皆さんが一緒に作業し汗を流したことでとても仲が良くなり、それまではせいぜい朝晩の挨拶程度の関係だった人たちが飲食を交えて交流するような間柄になったのだ。スピーディに側溝の工事が済んだということ以上の結果と言える。

ここで起こったことは、地域のコミュニティの再生だ。

最近は全国で市民同士の絆が薄れ、コミュニティが崩壊しつつあるという声をよく耳にする。いわば市民社会が劣化してきた流れの中にあって、この事業の予期せぬ効果がここにあった。

この点にむしろ着目して、その後は「協働共汗」事業をシリーズ化させていった。協働共汗農道・林道整備事業、協働共汗公園づくり事

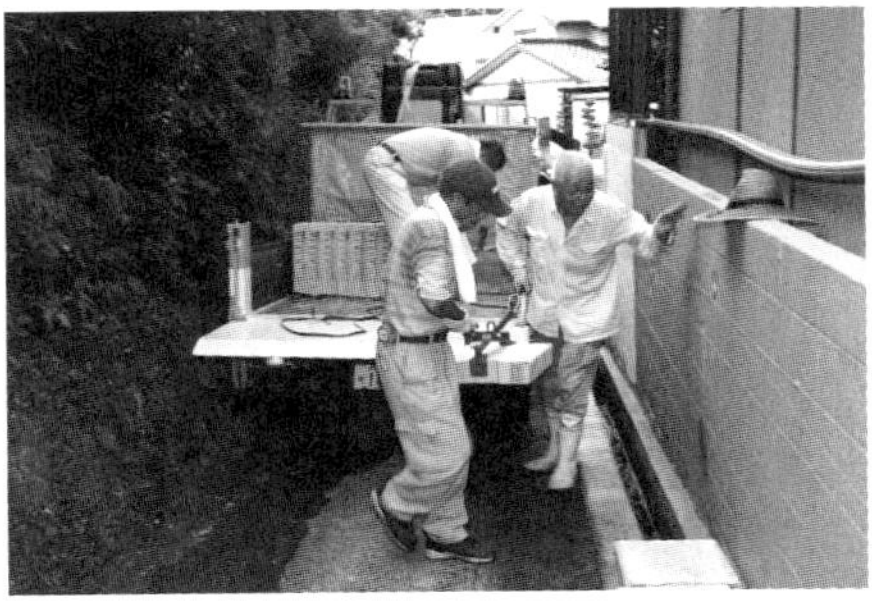

協働共汗道づくり

業、協働共汗避難路整備事業という具合だ。公園については、地域によっては「公園愛護会」があって、日々の公園の利用がてら簡単な草刈りとか清掃をやっていただいているところもあるのだが、時にはちょっとした造作などの作業が必要になったりすることがある。そこのところは愛護会では荷が重い場合もあるので、協働共汗方式でいこうということだ。

ただ、あまりにこの仕組みを前面に出し過ぎると、市民にやらせてばかりで市は怠慢じゃないかというお叱りも予想されるから、そこを斟酌《しんしゃく》することも大切だ。市の職員に対しては「市民の皆さんがボランティア精神で頑張ってくれるんだから、それ以上にわれわれも頑張らなきゃダメだ」とハッパをかけている。

先ほど挙げたＴＧＣやエンジン01オープンカレッジなどでは、開催は大変だったが、職員も市民ボランティアの一員としていっしょになってよく頑張ってくれた。

人間というのはついつい自己中心的な考えに囚われてしまいがちになるものだ。ふと、自分だけが頑張って損をしているような気分になることだってあるだろう。自分に甘く、他人に厳しい感覚を持つ人も多い。それだけに、相互の信頼関係を高めていくことは時間がかか

協働共汗公園づくり

るし、難しい。しかし、そこをみんなの思いで乗り越えることができれば、他の地域がうらやむようなまちづくりを進めることができる。

## コミュニティの再生を協力原理で

### 幸福を実現する「市民協働のまちづくり」（10年7月5日）

皆さんおはようございます。市長の首藤です。

口蹄疫問題では、日々ご苦労様です。もう少しのところまで来たと思っていたのですが、昨日また宮崎市で感染疑いが発生したようです。気を抜かず、終息までみんなでがんばりましょう。

さて、唐突ですが、延岡市役所は何のための組織でしょうか？

私たちの仕事の本来の目的は何でしょうか？

地方自治法には、「地方公共団体は、住民の福祉の増進を図ることを基本」とすると書かれています。では、福祉の増進とは何を意味するのでしょうか。

端的にいえば、「市民を幸せにすること」と考えた方がわかりやすいと思いますが、どうも、この「幸せ」について一般的にはあまり考察がなされていないようです。

今年四月に、内閣府関係機関による調査で国民の「幸福感」は一〇段階評価で六・五であったと発表されています。他国、特にデンマークやスウェーデンなどの北欧諸国と比べるとずいぶん低いのだそうです。日本は、人口あたりの自殺者数が世界ワースト六位となっています。

日本は戦後、国を挙げて経済発展を目指してきました。一時「ジャパン・アズ・ナンバーワン」と称されるほどに経済成長を遂げ、今は陰りが見えるとしてもなおその経済力には定評があります。なのになぜ、幸福感が低いのか。自殺者が多いのか。

経済成長に成功しながらも、政治が国民の「幸福」を追求するシステムになっていなかったのかも知れません。

スウェーデンでは、子供たちに「幸せと思うのはどんな時なのか考えなさい」と問いかけ、それは、「恋人ができた」「子供が生まれた」「人とわかり合えた」など、人との触れ合いの中にあると教えるそうです。日本人は一般的にあまりこうしたテーマについて正面切って考えたり議論したりということに慣れていませんが、実は大事なことなのだと思います。

そして、社会がこうしたテーマを追求するにあたって重要なのは、「競争原理」ではなく「協力原理」なのだと東大の神野直彦先生は言います。競争は社会の活力を生みますから、市場経済はまさに競争原理が優先されるべきなのですが、これとは別に、「協力原理」を適用すべき領域があるというのです。

競争原理は他人と自分の利害が相反することを前提としますが、他方、例えば家族の中で誰かが病気になれば自分も不幸になるというように、利害や幸不幸を共有する共同体においては互いが協力することが大きな価値を持ちます。

痛ましい事件が相次ぐなど、今の日本の世相は荒れています。人と人の絆が壊れかけている現代は、冒頭述べたように、行政として目指すべき価値とは何かをあらためて問い直さねばならない時代なのではないかと思います。

そこで触れておきたいのは、いま延岡市で進めている「市民協働」のまちづくりのことです。

これは前の鳩山政権の頃に提唱されたいわゆる「新しい公共」とも通じますが、「財政的に厳しいから市民の力を借りて公共的な仕事を進める」というような、行政側の御都合主義に解されては困ります。むしろ本質的には、延岡市において「協力原理」に立脚する新しいコミュニティを創ろうという試みなのです。

事実、あおい区では協働共汗道づくり事業を実施して近所の皆さんが側溝作りに共に汗を流したことで住民同士が仲良くなったとか、市民協働まちづくりセンターでは従来は特に関係もなかった市民団体同士が仲良くなって連携ができるようになったとか、様々な成果が現れてきています。

もちろん、市民の皆さん自身は交流そのものが目的で事業を行ったわけではありません。しかし結果として、確実にコミュニティの協力原理が働き、絆は深まっています。

今回の口蹄疫問題は私たちの地域にも大きなダメージを与えました。しかし、防疫体制には多くのボランティアが参加してくれて、あらためて「市民力」の高さも実感できました。そしてこのまま終息まで持ち込めれば、いよいよ復活のための力の結集が必要です。協力原理のもとに、市民協働の力を最大限に活かしましょう。


「協力原理」について、もう少し詳しく紹介しよう。

神野先生によれば、人は「経済システム」、「政治システム」、「社会システム」という三つのシステムの中で生きている。働いてお金を稼ぐ仕組みが「経済システム」、国や市町村などにおける民主主義の仕組みが「政治システム」、家族やコミュニティが「社会システム」だ（『増税は誰のためか』扶桑社）。

「経済システム」と「政治システム」は貨幣で回っているが、市場経済は競争原理、政治の財政は協力原理が基本だ。また「政治システム」と「社会システム」では、前者においては協力がある種、強制的なものであるのに対して、後者は自発的なものであることが異なるとしている。

日本では何でも競争原理で考える傾向が強まって問題が起こってきているので、「政治システム」や「社会システム」は協力原理で展開することが大事だとも主張しておられて、これに私は共感する。

そして、神野先生のおっしゃるこの「協力原理」は、ソーシャルキャピタルという土壌の上に成り立つものであると私は受けとめている。

大都市では、経済は活発に動くがそもそも人口が過密なので、(高層マンションの中での近所づきあいを想像すればわかると思うが)コミュニティの中でお互いの関係を深めることには鬱陶しさが伴うのだろうと思う。そのために人間同士の関係は機能主義的になって、税金や対価という形で貨幣を媒介しての役割分化が進むのではなかろうか。自治会費を余計に払ってもいいから日曜日早朝の清掃活動には出たくないというようなことだってあるだろう。これと併行して必然的にソーシャルキャピタルは劣化していくことになる。だからそこでは「協力原理」は成立しにくい。

日本人のライフスタイルが都市化していくにつれ、全国各地でこのようなメカニズムが働くことになって、「人の絆が希薄になった」という嘆きの声が発せられるわけだ。

その中にあって、延岡市ではあえて「ソーシャルキャピタルを高めよう」というムーブメントを起こそうとしてきた。しかもそれは一定の成果を生み出してきているのだ。こうした活動のためには、もしかしたら延岡市の規模はちょうどいいのかもしれない。一応の都市機能は揃っているし、過密感もない。気持ちよく市民活動に励むことのできる環境なのかもしれない。

メッセージで書いたように、そういった日々の活動が幸福感に直結するとすればこんなに素晴らしいことはない。

## 健全なる精神

（09年7月1日）


皆さんこんにちは。市長の首藤です。

当初予算のみならず矢継ぎばやの補正予算によって、各課所において取り組むべき事業が次々にアップしてきています。仕事のボリュームが増えて大変だとは思いますが、特に緊急経済対策や緊急雇用対策という意味合いの事業についてはスピードが命です。鋭意取り組んでいただいているようですが、重ねて、できるだけ早く発注を行ってもらうようお願いします。

いくつかの市内企業の倒産などが現実に起こっています。国がもっと早く予算化していてくれたら、そして市としての事業をもっと早く実施できていたら当座をしのげるケースもあったのではないかと心を痛めています。

ところで、昨今報道される事件などを見ると、昔とはずいぶん様相が変わってきているようです。殺人事件などにしても、最近は凶悪化がはなはだしい上に事件数自体ずいぶん増えていると感じるのは私だけでしょうか。統計上は違う見方もあるようですが。

ひところから、「キレる」という言葉が使われるようになりました。突発的な激情に身を任せて、人としての理性をかなぐり捨てた行動に走ってしまう傾向が強まっているわけです。また、インターネットの世界には読むに堪えない誹謗中傷、罵詈雑言があふれています。匿名の世界は、ストレスの陰険なはけ口として、人の攻撃性をより強めるのでしょう。

脳神経外科医で、脳の覚醒下手術（患者の意識が覚醒したまま頭蓋骨を外して患者と会話し確認しながらの脳手術だそうです！）の権威である篠浦伸禎氏は、雑誌「致知」の対談で「右脳は逃避、左脳は攻撃に繋がっているが、現代社会はストレスによって右脳の働きが弱まり、左脳の持つ攻撃性が顕著に表れている」という意味のことをおっしやっています。左脳は基本的に、合理的、攻撃的、私的な脳であり、右脳は情緒的、協調的、公的な脳であると述べられたうえで、そのどちらがいいということではなく、バランスこそが重要なのだと強調しておられます。他人の心を理解し共感するのは右の側頭葉や頭頂葉なのだそうですから、こうした面を強化することによって「公的な脳」の働きを高めることが必要だと述べておられます。すなわち、人の役に立つことに喜びを感じるという公の精神がその人間自身を救うということを、脳神経外科的な立場から説明しておられるわけです。

ちょっと脱線しますが、いま我々が取り組んでいる「市民協働のまちづくり」は、実はそういう面での効果が高いのだということもここで指摘しておきたいと思います。

地域の皆さんがいっしょに汗をかき既存の建物を改修して富美山地区福祉センターは出来上がりましたし、あおい区の側溝も同様に協働共汗道づくり事業で完成しました。その過程で地域の中での人と人のきずなが強まり、コミュニティのさらなる向上へとつながっています。

篠浦先生の言葉に戻りますが、「精神疾患に悩む患者さんの右脳の働きを強化しようとして、音楽や運動を奨めたり、いわゆるポジティブシンキングを試したりしたがどうも根本的な解決につながらない。最終的に行き着いたのは『人間学』の勧めだ」ともおっしゃっています。（以前延岡にも講演にこられた方ですが）神渡良平さんの人間学についての著書を患者さんに勧めたところ、目覚ましい改善が見られたのだそうです。以来、二〇〇人以上の患者さんにその本を渡し続けておられます。

その「人間学」でいうところの真意は、「私」を離れ、卑小な被害者意識などに流されず真の主体性を高めて、自分を超えた〝大いなる存在〟に自分の生き方の座標軸を見出すことであるということです。

大不況、格差拡大など大きな課題を抱え、メンタルヘルスに気を遣わねばならない現代社会ですが、健全なる精神の本質はどうもこういうところにあるのではないかと思います。

# 9 市長の仕事とは

## 市長って何をしてるの？

市長という仕事がどんなものなのか、毎日どんなことをしているのか、なかなかイメージがわかない方も多いことだろう。形の定まった典型的な一日というものが存在するかというと、それもちょっと怪しい。しかしそう言ってしまえば身もふたもないので、とりあえず、ある一日を記してみる。（次ページ）

「総会」と名のつく会議には、主催者側だったり来賓という立場だったりまちまちだが、年間数え切れないくらい出席する。行政関係だけでなく、各産業界、福祉分野、地域団体、文化団体、スポーツ団体、市民活動団体など、実に多様な総会がそれぞれに開催される。

そのほか、庁内会議、国や県の関係の会議、種々の組織団体関係の会議などが実に頻繁に

| | |
|---|---|
| | 執務（決裁） |
| 9:00 | （講話資料作成） |
| 10:00 | （北川町へ移動） |
| | のべおか道の駅㈱取締役会 |
| 11:00 | のべおか道の駅株主総会 |
| 12:00 | 会食 |
| | 移動 |
| 13:00 | |
| | 自主防災組織連絡協議会総会（文化センター） |
| 14:00 | （移動） |
| | 「水辺で乾杯」イベントVTR収録 |
| 15:00 | 社会教育課レク |
| | 来客 |
| 16:00 | まちづくり懇談会関係レク |
| 17:00 | 関係課協議 |
| | 執務（決裁） |
| 18:00 | |
| | 消防関係懇談会 |
| 19:00 | |
| 20:00 | |

ある一日

開催されているのでその出席も多い。

夕方以降も、民間団体の宴席に招かれたり各種の意見交換会等に参加する日々が続く。一方で、私の習慣として夜中に文章を書くことが多い。だから時間的な制約と健康管理の都合上、申し訳ないと思いながらも基本的に二次会などはお断りしてきた。

「レク」とはレクチャーの略で、担当課などからの状況説明のことだ。一般的には「ブリーフィング」と同義と考えて良い。単に説明を受けるだけでなく、協議をしたり、指示を出したり、方針を決定したりする場合もある。在庁している日は結構多くのレクでスケジュールがいっぱいになるし、急ぎの案件など、予定の隙間を狙った飛び込みのレクが入る場合もある。

年間に行う講演や講話の回数も結構多い。「まちづくり懇談会」は市内一〇カ所ほどで毎年開催する会で、私から三〇分程度の講話をしたのち、住民の皆さんと意見交換を行っている。市内の各種団体からの依頼による講話や「のべおか市民大学」や「さわやかカレッジ」での講座、また市内外での各種シンポジウムなど多彩だ。

来客も多い。この日は市内の製造業の方が受賞報告にお越しになった。スポーツ関係でも、オリンピックや世界選手権出場報告とか、シーズンによっては小中学校の全国大会出場報告などで盛り上がることもある。地区や団体からの要望活動をお受けすることも多い。面会の申し込みがあってもなかなかスケジュール調整が難しくて、場合によっては数週間お待ちいただくこともあるようだ。

それに、福祉、文化、スポーツ、経済、地域交流などの硬軟様々のイベントが特に土曜日や日曜日に集中するので、二つ三つ同じ時間帯に重なることもある。市内でこんなにたくさんのイベントがひっきりなしに開催されているとは、市長に就任するまで全く知らなかった。

こうした様々な予定について、複数のスケジュールが重なる場合は重要度を勘案して二人の副市長にも代理を務めてもらいながら対応している。

机の上には昔ながらの決裁箱（未決、既決、保留）が三個並んでいる。毎日多くの文書が「未決」箱に届き、内容に問題がなければ決裁印を押して「既決」箱へ移すという具合に処理をする。しばらく時間をかけて検討したい場合など、「保留」箱にとりあえず入れておくこともあるが、案件によってそれぞれに時間的制約がある。

## 議員型と首長型

私は民間企業経営者から市長へ転じた。

これについては、選挙戦で相手陣営から「行政経験がないからダメだ」とネガティブキャンペーンを張られたが、結果としては、むしろ行政経験のない経営者だったからこそできたことも多い。民間の視点での行財政改革、市役所組織における目的志向の風土づくり、市民活動のサポート、長年先送りされてきた清掃工場や火葬場などのいわゆる迷惑施設の整備などだ。行政や政治の経験がなかったからこそ、固定観念やしがらみにとらわれることもなかった。

振り返ってみれば、経営者的な感覚で行った仕事が、自分の市長としての（口幅ったいが）最大の功績になったと思っている。また、理系の経歴も、工業都市の市長として様々な局面で役に立ち、企業誘致や市のIT分野での取り組みもやりやすかった。論理的に物事を進めることにも役立ったと思う。

私の場合は自分のこうした経験が役に立ったのだが、では一般的に政治家に必要な資質や経験は何かということに触れておきたい。

まず、国会議員、県会議員、市会議員など、土俵の大きさは違っても議員職に共通して必要な資質と、知事や市町村長などの首長に必要な資質にはおのずと違いがあることを指摘したい。だから、政治家とひとくちに言っても、その仕事の類型は議員型と首長型に大別できると思う。

基本的には、前者はシングルイシューをいかに動かすかが勝負であり、後者はそれに加えて全体をバランスよく統括することや良好な組織風土を作り上げることが勝負だと言っていい。

たとえば、保育行政に関心があって、待機児童問題など子育て環境を何とか改善したいと強く考える議員であれば、そのために予算をより多く割り当てるよう当局に要望するなどの政治活動をすることになるわけだが、全体の財源に限りがある中、他のどの予算を削ってこちらにあてるべきだというようなところまでは考慮しないのが普通だ。そんなことを考えていたら矛先が鈍るし、無用の利害衝突を招いて本来の目的達成が危うくなる。だから、これと定めたテーマをいかに強烈にアピールするかという一点において、その議員の力量が問われることになる。

かたや、首長の力の発揮しどころは少々異なる。

知事や市長にとっても個別の課題を深く考え政策に反映させることは当然大切だけれど、同時に全体のバランスを取りながらのマネジメントが求められ、全体と個の双方を常に頭に置いて「あれかこれか」などと悩むことになる。

そう考えると、議員に向いている政治家と首長に向いている政治家とは元来別ものということになるのだ。

往々にして、市会議員の次のステップは県会議員、さらには市長、県知事あるいは国会議員というふうに、政治家が力をつける中で階段を上がっていくような見方をする人がある。しかしそれぞれの職務に求められる資質が本来異なるとなれば、そんな権力拡大志向的キャリア観はいかがなものかと思う。どちらであってもしっかりこなせる人もたくさんいるが、そうでない場合もあることを心得ておいた方が良い。

よく大臣の失言が問題になることがあるが、こういう人たちはマネジメント能力に問題があるのだと思う。省庁の経営者としての訓練不足と言えるかもしれない。「自分が今まさに発しようとしている言葉が世間からどう受け止められるだろうか」という想像力が決定的に欠けている。

いち国会議員であれば、足元をしっかり凝視するいわば蟻の眼で個別テーマを掘り下げれば良いのだろうが、大臣という立場でのマネジメントは蟻の眼と鳥の眼を併せ持つことが必要だ。攻める視点と守る視点を併せ持つという表現も可能かもしれない。いずれにしても、マネジメントには客観性と洞察力に裏打ちされた複眼的視点が必要だ。

国会議員として有能であったとしても、大臣とか首相という立場で必要な資質を備えていない人間をその立場に置くべきではない。

同じ意味で、市長という仕事で成果を上げるためには、多様な角度から複眼的に状況を見て判断ができること、そしてマネジメント能力を兼ね備えることが非常に大切だ。

## 大統領的な権限を手にする責任

よく、「市長なんて誰がやっても同じ」とかいう人がいるが、それは絶対に違う。そんなのは、政治に関心のない人が、投票に行かない言い訳に使う言葉だ。

「誰がやっても同じ」という結果になることがあるとすれば、その市長に能力がないか、あるいはやる気がない場合だろう。その場合は市役所の優秀な職員が万事差配して、つつがなく日々が過ぎていくはずだ。ただ、あくまでも「つつがなく」であって、そこに大きな成果は期待しようがない。

私は自分のやりたいことがあったたし、その多くをこの一二年間で一定程度実現してきたと自負している。この間、他の誰かが市長だったとしたら、取り組むテーマも成果も相当に違ったものになっただろう。

組織はトップによって大きく変わる。それは民間企業を見れば一目瞭然だ。会社の業績は、景気の良し悪しとかその業界を取り巻く環境要因にももちろん左右されるが、トップの能力と情熱という要因の方がはるかに大きい。例えば、斜陽産業だからといってその業界に属する全部の会社が経営悪化するわけではなく、中には大きく業績を伸ばす会社も存在する。

稲盛さんは、「不況は次の成長の飛躍台になる」と言っておられたし、実際に京セラは不況を乗り越えるたびに発展を遂げた。これはトップの信念の成せる業だ。

あれほどのカリスマでなくとも、企業の業績はトップによって全く違ったものになる。そして、これは市役所などの行政組織においても同じなのだ。

市役所が成果を上げるためには、市長の「こういう成果を目指す」という意思決定は欠かせない。それがなくて「良きに計らえ」では、「問題が発生しないように」という範囲においてしか仕事は回らない。そして、悲しくも、「つつがなく」時間は過ぎていく。

以前、週に二、三日しか登庁しないと報道された首長もいたが、「問題なく仕事は回っている」というような説明を耳にした記憶がある。確かに毎日朝から晩まで仕事をしなくても、「つつがなく」仕事は回る。しかしそれでは、「誰が首長をやっていても同じ」ということになってしまうではないか。こんな弁解は自己否定そのものだ。

日本の地方自治制度において、市長には大きな権限が与えられている。大統領制に近いと評されるほどだ。その権限を、成果を上げるために使おうとする人間しか、市長になるべきではない。どんな成果を目指すのかという大方針を示し、自らの情熱を注ぎながら、それに向けた職員の努力を求めること。市長の仕事はこれに尽きる。

以前、九州市長会の分科会で、当時流行だった事業仕分けの議論になった際に、「市民代表や第三者委員によって仕分けを公正にやっている」という事例報告に賛同する声が多い中、当時の田川市長だった伊藤信勝氏が「第三者には任せない。仕分けるは我にありという覚悟でやってます」とおっしゃったのには我が意を得たりと感じ入ったことがある。

市の政策の決定をするのは市長の仕事だ。市長が仕事をしやすくするために事業評価を第三者機関に諮問するというのはアリだとしても、判断を丸投げしてはダメだ。

## 組織を動かす

### 部局長マニフェストを活かそう

（16年8月31日）

皆さんこんにちは。市長の首藤です。

現在、来年度部局長マニフェストについて部局ごとのプレゼンテーションを受けているところです。

そもそも部局長マニフェストとは、各部局長と私の考え方を擦り合わせる協議を経た上で、翌年度にその部局で何を重点課題と定めどんな仕事をするか、私と約束するものです。その、私と約束を交わした政策をそれぞれに実行してもらうことが、市民に対する責任を果たすことになります。

これまでにも各部局長個別にヒアリングを行って意見交換を重ねてきました。その結果、現時点のプレゼン内容は概ね満足のいくものに仕上がってきていると思いますし、こうした過程を見ていて、あらためて延岡市役所の職員の皆さんは優秀だと感じています。様々なインプットをうまく取りまとめて形にする力は素晴らしいし、何よりも、この部局長マニフェストがスタートした頃と比べれば大きくレベルアップしています。

そもそも、この取り組みを始めたのはもう一〇年近く前のことになります。当時は、細かな事業をひたすら列記しているだけの、いわば「実施予定項目リスト」とでも呼ぶべきマニフェストもありました。実施予定の仕事は何かということはわかるけれど、なぜその仕事をやるのかとか、その結果として何を実現しようとしているのかなど、問題意識や思想が見えないものが散見されたということです。

そういうマニフェスト案を手にして、「部長として延岡市のこの分野についてはどういう方向に持っていくのが望ましいと考えていますか」とか、「このテーマについての基本的なビジョンや考え方がわかるように記述してほしい」などと、政策の基本理念をしっかりさせるよう求めた記憶があります。

それが現在は、どのマニフェストも部局長の主体性や意思が感じられるものになっていますし、大きなテーマに関しても、長期的視野に立ったバランスのいい展開になっていると感じます。

これまでの約一〇年にわたって、毎年のマニフェストが後継部局長に引き継がれる中で改善されてきた結果なのでしょうが、一〇年前と今とを比較すると大きな進歩が見て取れます。

そこで、せっかくいいものになってきたこのマニフェストを、全職員の力でさらに価値あるものにしてほしいと願います。実行してこそのマニフェストですし、また、今述べたような、マニフェストに込めた部局長の意思を部局全体で共有してほしいものです。仕事を「与えられたもの」という受け身のスタンスで捉えるのでなく、職務の実施にあたっては「こうしたい」という意志を強く持ってほしいと考えています。魂の込もった仕事をしようということですね。ところで、これまでも幾度かお伝えしてきたことですが、この毎月のメッセージに対する感想や意見などがあれば是非お寄せいただきたいと思っています。

私がまだ若い頃、仕事で頻繁に市役所に足を運んでいた。その際に感じた「部長職」のイメージは、「あまり仕事を抱えている様子はなくて、いつも来客と談笑しているか新聞を読んでいる」というようなものだった。「困ったときは相談に来い」というような雰囲気で部内の実務は課長以下に任せていて、普段は決裁書類に印鑑を押すのが仕事、という風情だった気がする。かといって市役所全体の重要案件に意見をする立場でもない。大事なことは市長と助役の協議で決まってしまう。

そして、課長以下の職員はといえば、バリバリ仕事をする人もいればそうでない人もいて、どうにも（良くいえば）個性あふれる集団だった気がする。

私は、市役所全体が仕事人組織になってほしいと考えてきたのだが、そのためには上が率先することが必須だ。先にも述べたように、リーダーによって組織はいかようにも変わる。だから、部長の皆さんに本当の意味で各部のリーダーになってもらうために一計を案じた。それが枠配分予算という形で各部局の予算編成に自由度を持たせるなどの庁内分権であり、中でも象徴的と言えるのが、この部局長マニフェストである。

メッセージ中に記載したようなプロセスを経て部局長マニフェストは出来上がっていくのだが、複数回にわたって毎回一時間程度みっちりと部局長と個人面談を行っている。私としては詳細な事務事業を網羅したものを求める気は全くなく、担当分野における延岡市のトップとして部局長がどんな哲学を持って、どんな一年間のビジョンを市民に提示するのかを突き詰めてきたつもりだ。

こうやって部局の本当のリーダーとしての考え方や責任感を持ってもらうことが、各部局が組織としてしっかり稼働することに直結する。

## ブレない判断のために

変な話だが、私は結構優柔不断で、昼ごはんにカレーがいいか焼肉定食がいいか、はたまた中華かなどと聞かれると、なかなかパッと決められない。

だが、不思議なことに、自分で言うのもなんだが、市長としての仕事上の判断は早いし的確だと思っている。

このギャップはなんなのだろうと考えたことがある。思い至った結論は、「自分が何をしたいかという欲は多様なので、理屈でどれと決めることは難しい。しかし、市長として判断を下す際は、判断基準として頭の中に原理原則のモノサシを持っていれば論理的に考えることができるから決定が比較的容易だ」ということだ。

ロジカルシンキング、つまり論理的思考の大切さはよく言われるところだが、きちんと考えるための補助的手法として、ロジックツリーとかフローチャートなどで論理を視覚化することが一般的だ。ここではロジックはいくつかの線や分岐で表すことができて、まさしく考えが線の上をなぞっていくという形をとる。複雑な問題はいちいちこんなチャートを書いていられない場合も多いので、表面的には直感の判断という感じになっているかもしれない。しかし直感的に政策判断をしているように感じる時でも、実はたくさんの情報や理屈の積み重ねを基礎においているのだと思う。そうした下地の上に、線ではなくて面で思考するという感覚だろうか。

ともあれ、論理的な判断が重要ということは間違いない。

判断がブレる時というのは、この論理がうまく噛み合わない思考に陥っている場合であるように思う。原理原則のモノサシとは別に、「問題をこじれさせないように」とか、「自分の次の選挙に差し障りがないように」とか、「誰々さんに配慮した方がいいかな」とか、雑念と言っていいような複数のモノサシが絡み合っている場合が多いのではないだろうか。原理原則のモノサシが機能していないのだ。

ここでいう原理原則のモノサシというのは単純明快だ。「どうすることが一番市民のためになるか」というモノサシだ。

きれいごとのようだが、そうではない。稲盛さんの話と重なるが、これをホンネとして考え方の軸に持っていくことに意味がある。

もちろん、この「問題をこじれさせないように」などの観点を完全に無視していいわけはない。市民のために良かれと思う意図だけで突っ走って、後でニッチもサッチもいかなくなるような判断をしてはだめだ。肝心なのは、このような観点はモノサシにするのではなくて、原則に則って結論を出した際の点検用のチェック項目にすることだ。

点検チェックの結果、問題があるとしても、知恵を絞れば、結論の大筋を曲げずに対処する方法はいくらでもある。原理原則のモノサシで大ナタの判断を下し、最後は点検・仕上げ用のカミソリで微調整をして完成、ということだ。

ずいぶん昔のことだが、きれいごとに聞こえるようなことを大真面目に、いかにホンネとして貫くかということについて、私は目からウロコが落ちるような経験をしたことがある。

盛和塾で勉強させてもらったことを実践するために、会社の経営理念などをいちから作り直したときのことだ。試行錯誤の末、「会社の目的」として「顧客を創造することで、社員の物心両面の幸せを目指す」という言葉を盛り込むことにした。ドラッカーの言葉(「企業の目的の定義は一つしかない。それは、顧客を創造することである」)とともに、京セラの経営理念の中の「全従業員の物心両面の幸福を追求する」という文言をほとんどそのまま使わせてもらったのだ。

当時、若い頃の私は経営者として経費を絞ろうとするあまり、社員の給料についても他の経費と同様に、どうしたらもっと節約することができるだろうかというような発想をしていたのだが、この「会社の目的」を定めて以降、考え方が変わった。諸経費は会社経営の手段だから節約するのが当然だけれど、社員になるべく多くの給料を出すことは、今やそれ自体が会社の目的なのだ。そう思った途端にスーッと頭の中の霧が晴れたような気がした。

もちろん、経営に余裕がなくなるほど還元すると企業の永続性が失われて社員の幸福に反することにもなるから、そのバランスが大事ではある。

ともかく、これ以降、社員に給料を出すのが惜しいというような気持ちから迷いが生ずることはなくなった。「社員の幸せのため」というタテマエを自分のホンネの世界の中に持ち込んで合体させることができたという、得がたい経験だった。

だから言えるのだが、経営理念はきれいごととして定めるのではない。理念で社風は変わる。

同様に、市長としても、先ほど述べた「どうすることが一番市民のためになるか」という原則をホンネと合体させることで、判断が容易になり、ブレることもなくなる。

## 俺が俺が

最初に選挙に出ると決めた時、いろんな人から様々な反応があった。なかには「選挙に出るなんて『俺が、俺が！』という自己顕示欲の強い人間ばかりだ。首藤君はそんなタイプじゃないと思ってたけどな」という感想を言ってくれた先輩がいて、印象に残っている。

別に私が急に自己顕示欲に目覚めたわけではなくて、これまでに書いたような様々なことがきっかけとなって背中を押してくれたのだ。

もともと親分肌でもないし、権力欲もない。ただ、私の力で地域がいい方向に変わるのであれば素晴らしいことだと感じたし、それは同時に、私自身の自己実現という観点からも魅力のあることだった。自分自身で大きな充実感を感じつつ、同時にそれが社会全体にとってもダイレクトに大きな意義を持つという仕事は世の中にそう多くはない。

振り返ってみて、自分自身の側から見てもまた地域社会の側から見ても、自分のチャレンジは成功を収めることができたと胸を張れると思う。劇場型と称される首長と比べると派手さはなかったかもしれないが、延岡市という自治体の経営者として多くの成果を生み出した自信はある。

権力志向が強いわけではないから、三期一二年で幕を引くことに未練もないのだが、多くの人は、まだその気になれば続投できるのになぜ辞めるのかといぶかしむ。「俺が俺が」という人間ばかりが政治家になっていると思うからではないだろうか。

私は、一部の方からの「とことん昇り詰めてやろうという野心がないとダメだ」というお叱りの声を甘んじて受けねばならないのだろうと思う。しかし、こういうタイプの政治家だって、いてもいいではないか。

野心はエネルギーの源になるから大切なものだし、私にも相応の野心はあったけれど、「とことん昇り詰める野心」ではなかった。もともと自分の野望のために政治家になったというより、成り行き上めぐりあった市長という仕事に生きがいを感じたから頑張ってきたのだ。当初の約束の「多選はしない」という言葉を反故《ほご》にすることは、その生きがいとしてきた仕事の価値を下げることにもなる。

そして、自分が舞台から降りるにあたって、これからの日本や地域を担う政治家に関して言わせてもらえれば、個人の立場や野心からその道に進む人（もちろんそれも悪いことではないが）ばかりでなく、もっと色々な人が色々な見地からその道に入るようになることを期待したい。政治にもダイバーシティが必要なのだ。

稲盛さんはおっしゃった。「見た目や振る舞いがいかにも強い人に見えても、往々にしてそういう人の勇気は『蛮勇』である。蛮勇は危なっかしい。一番いいのは、臆病なくらい慎重な人間が多くの鉄火場を経験して確固たる信念の人になり、真の勇気と強さを身につけることだ」と。

初めからいかにも政治家向きという人が良い成果を出せるとは限らない。政治から腰が引けていて臆病であったくらいの人が修羅場をくぐり抜けていくようなケースが、もっと増えていいのではないだろうか。

# 10 君、市長にならないか

## 世界に拡大する民主主義の危機

イギリスの国民投票でEUからの離脱が選択され、アメリカではトランプ大統領が誕生した。フランスでも同様にルペン氏を大統領に選ぶのかと不安視されたが、どうにか穏健中道派のマクロン氏が勝利を収めた。ただ、ここでも注目せねばならないのは、従来政権を担ってきた二大政党の共和党と社会党がともに敗北し、決選投票にすら進めなかったことだ。明らかに世界は変化してきている。

こうした変化の背景として、自由経済のグローバル化とともに各国で国民の間に経済格差が広がり大きな社会不安を招いていることや、同じく国境を越える形で人の流動性が高まり難民や移民との摩擦が生じていること、加えてテロ等の不安が高まっていることなどが背景の要因としてあげられている。

こうして混乱を深める民主主義諸国と比べて、ロシアや中国といった独裁的な体制の国々は安定しているように見えるし、（ウクライナや南沙諸島のように）対外的に時に強硬な態度に出ることで国際的に多くの非難を受けたとしても、結局は国益を獲得しているように感じる。これと同様にエゴ丸出しで国益を求める役割を、アメリカの多くの有権者はトランプ大統領に託したようにも映る。近年の世界に起こる様々なうねりは、どう見ても民主主義的価値観とは一線を画すものだ。貧困や格差に喘ぐ人々が、手近な利益のために理想を放棄しているようにも感じる。

民主主義が国民を幸せにする力を失ったのだろうか。そうは思いたくない。

経済の分野においては「富（資本）への国際的な協調の下での課税強化」という処方箋をピケティの考え方ということで紹介したところだが、世界の政治全体を考えてもこうした国際協調によるルールづくりが未成熟なのだろうと考える。国民主権、基本的人権、法の支配などを基礎に置く民主主義は、現代においては曲がりなりにも世界全体の主導的価値体系となっているのだが、各国の国体や内政状況や宗教などの違いによって、その価値体系を国際的な実効性のあるルールとして確立するに至っていないのが現実だ。人類はこの試練の時代に理想を見失わずに、我慢強く、国際協調制度作りの灯火を消さないようにしなければならない。

また、こうして民意が激しく動く中、そもそもイギリスでＥＵ離脱の是非を問う国民投票が実施されたことには危険な感じを受けた。スコットランドやスペインでも独立に向けた火種がくすぶり、国民投票を求めている。日本でも、大きなテーマについては住民投票を求める声が時折あがる。間接民主制にじれったさを感じるということかもしれない。

このような、国民投票あるいは住民投票が最善視される風潮はここ数年強まってきているように思う。これは正しいことだろうか。

国民や住民が主権を持つということと、直接投票による意思決定が最善かということとは、本来別の話ではないかと思う。直接民主制は最善の結果を担保しない。かつて、ファシズムは民主主義制度のもとで国民の意思により台頭し、それがのちに民主主義を破壊した。ヒトラーは国民投票によって総統という国家元首の地位を確定している。

最善の結果を得るために、主権は国民や住民に置かねばならないけれど、制度や手法はまた別の工夫が必要だ。

例えば、市民による住民投票が正しい結果を生むかどうかは、市民にどの程度その案件についての情報が周知されているかにもよるのだろうと思う。つまり、十分な情報が周知されていれば（手間暇がかかることを別として）有権者の直接投票によって決めても良いが、

（案件が多すぎたり有権者の関心が低かったりして）情報周知が不十分なら、市民の負託を受けた立場として市長や市議会が責任を持って判断するのがベターだと思う。一般市民と市当局ではやはり圧倒的な情報量の差があるのが現実なのだ。

衆議院議員総選挙の際に最高裁判所裁判官の国民審査が行われるのは皆さんご承知だろう。罷免したい裁判官には×印を付けて投票するのだが、戸惑う方がほとんどではないだろうか。情報がないからだ。

形式的なことに走って民主主義の理念を形骸化させてはいけない。地方自治の世界において、私たちがどう知恵を絞り努力すべきなのか、根本のところを押さえていかないと、日本における民主主義の土台が揺らぎかねないという危機感を持つべきだ。

投票に関して別の面からも指摘しておこう。

選挙管理委員会では選挙ごとに投票率向上のための広報活動などを行っている。投票率が極端に下がっていけばその結果は民意を反映しなくなるからで、民主主義体制を維持するためには必要なことだ。しかし、投票率という形さえ整えば本当にそれでいいのだろうか。投票率が仮に上がったとしても、自分の考えを持たずに「知り合いから頼まれたから」程度の理由で投票する人が激増したら、その結果はどうなることだろう。

投票率を上げるために「なんでもいいからとにかく投票してください」ということではなくて、やはりしっかり考えて投票してもらわなくては困る。それが選挙における「民度」というものだ。

大事なのは、住民投票にかけるのが一番だとか選挙の投票率をとにかく上げようとかいうような形式主義的なことではなくて、その中身だということだ。どれだけ正確で豊富な情報が主権者に提供されるか、そして主権者がどれだけ真剣かつ主体的に情報を自ら求めて自分の頭で考えようとするか、それこそが民主主義の根本ではないか。

市長としては、なるべくこうした情報の開示と発信に努めなければならないし、市民が主体的に関わってくれるよう働きかけることが必要だ。また、同時に、日常の仕事においては市民を代表して、自身の権限と責任で一番市民のためになる判断を下すという信念と覚悟を持っていなければならないと思う。

## 正義は勝つ

日韓関係がギクシャクしている。最近の対立点の一つは従軍慰安婦問題に絡んだ釜山大使館前の少女像撤去問題だ。双方ともに自国の正しさを主張して歩み寄れずにいる。

日本は「国と国の約束だ」という「正義」を盾に少女像撤去を求めているし、韓国は「国民は情緒的に受け入れていない」として、「国民の総意に反する」という「正義」に則ってこの問題に対処しようとしている。

　ここでどちらが正しいかの論考をする気はないが、私は日本人だから、ついつい日本人の理屈で「韓国って国には国際的な常識がないのか」と思ってしまう。「ゴールを動かしてきた」とは言い得て妙の表現だと感心したりもする。だが、頭の中でもう一人の自分が「冷静に相手の立場にもなって物事を考えるべきだ」とつぶやく。

　多くの場合、こうして国と国の関係がニッチもサッチもいかなくなっているときというのは「正義」の衝突が起こっているのだ。しかし、誰しもが自分の側にあると主張するこの「正義」とはいったい何だろう。そもそも、どちらもが自国の正しさを声高に主張する争いに、正しい決着なんてあるのだろうか。

　相手の立場や考え方に想像が及ばない「正義」ほど怖いものはない。ＩＳ（イスラミック・ステート）などはその典型だ。宗教的正義は、教義が絶対視されてしまうと理屈も人情もあったものではない。だいたい、原理主義と言われるものは基本的に他者に不寛容だから、多くの場合泥沼の状況に陥ってしまう。

　さて、そんな極端な話ではなく、民主主義のもとでの正義というものも時代や環境、そして立場によって全く違ったものになる。より良い正義をどう実現するかということは、原始社会が生まれてこのかた、現代においてさえ未完の大命題だ。

法治国家においてはその国における正義が明文化され、それをすべての大本に置いて「どちらが正しいか」を決めることになっている。だから、日本と韓国の双方が正義を主張して譲らず国際機関等による決着もできない現状は、いわば国家間の法整備が不十分なまま放置されてきた（つまりある程度は無法状態にあるということの）結果なのだ。

そのような国際法整備が不十分なせいもあって、独裁的体制の国がゴリ押しで国益を確保するような暴挙が看過されることになってしまっている。これらには世界から非難の声が寄せられているが、歴史を振り返れば、「勝てば官軍」というように、一般的には勝った者に正義があるとされることを心しておいた方が良い。逆説的だが、正義は常に勝つのだ。

また、既成事実ができて決着がつく前であれば、より多くの第三者が共感し支持する側こそが常に「正義」なのだ。客観的判断や歴史の評価によって担保された正義ということではないが、それによって実利は確保される方向に作用するだろう。

そういう意味では、第三者へのアピールが、自らの正義を実現するには必要だ。様々な国際問題において日本に客観的正義のある場合が多いと思うけれど、賛同を得る努力は甚だ不十分と言わざるを得ない。

それにしても、民主主義のもとで物事を解決するには客観的正義を担保するための普遍的な規範が必要だ。つまり、衝突する当事者間に共通の価値観に基づく判断基準がなくてはならない。国内ではそのために法体系ができているし、国際社会においてはそのために国連があるのだが、とりわけ常任理事国のエゴのせいで機能していない。地球が破滅するようなことになる前に、この状況を人類は乗り越えることができるだろうか。

我々にとっては手の届く範囲のことから始めるしかないのだが、身の回りの現実の社会にどんな正義を実現するかを決める行為こそが「政治」なのではないか、と私は考えている。

二項対立のステレオタイプな構図で物事を考えるのは危険だが、あえて例示すれば、高齢者の正義と若者の正義の対立に解決を見出していくのは政治の力だ。大都市の正義と地方の正義の対立についてもそうだ。

双方からの十分な主張があってこそ、その折り合えるポイントを探ることができるのではないか。だから若者にはもっと政治に関心を持ってほしいし、地方政治を代表する立場にある者は言葉の力を磨いてもっと全国（特に東京）に向けてアピールしていかねばならない。

## 地に墜ちた政治家のイメージ

政治家は有権者の信託を受け、公権力を手にする。その権力の行使については適正かどうかをチェックし監視する仕組みが欠かせない。市長に対しては議会がその役目を負っているし、マスメディアも大きな意味で政治権力のチェック機関という側面がある。

だから、不正が行われれば糾弾されなければならないのだけれど、号泣県議の会見の様子や豊田議員の秘書に対する暴言が長期間にわたって繰り返しオンエアされたように、わかりやすくて視聴率の取れる出来事は、まともな政治マターよりはるかに頻度高くセンセーショナルに報道される。それは結果的に、政治そのものへの怒りや無関心を煽《あお》ることになってきた。

ただ、それは自由な言論活動が許される社会の単なる副作用と考えるべきで、メディアが批判ばかりに終始するのは仕方のないことだと思う。北朝鮮や中国を見れば誰しも感じるように、権力者を賞賛するばかりの報道なんて気色悪いことこの上ないのだから。

だから、メディアの情報に接する私たち市民の側が、情報というものは時には実態以上に増幅されて報道されるのだということをも踏まえ、自分自身の思考軸をきちんと保持した上でのメディアリテラシーを身につけることが必要だ。

元来日本人は新聞やテレビの報道を額面通り信じ込んでしまう傾向があるから、せめて複数の新聞を比較したりしながら情報を取るようにするのが望ましいと思う。

それにしても、問題なのは、号泣県議や豊田議員だけが極めて特別な事例というわけではないという事実だ。世間を騒がせる政治家のスキャンダルはあまりにも多い。特に、政治とカネの問題は繰り返し報道されてきた。富山市議会議員の政務活動費不正受給の問題なども記憶に新しい。

また、森友学園問題で鴻池議員が発した「コンニャク」という言葉が、「これは政治家の世界では一〇〇万円の束のことをさす隠語というのが常識だ」と解説付きで報道され、私の友人たちから「そんなものなのか？」と聞かれたことがあった。少なくとも私の知りうる限りそんなものは常識でもなんでもないから、この報道一つをとっても政治家一般への偏った思い込みへ誘導してしまう危うさを持っていると思う。

結果として、政治という世界全体がうさん臭いものとして捉えられ、若者の政治離れが進む。関心が薄くなっていくと同時に、政治家への志を持つ人間が減っていく。

宮崎県内各地の選挙で無投票当選という事態が増えてきているのは、その結果だとも言えるのではないだろうか。

世間にはいろいろな政治家がいる。これまでに挙げた例を含め、名誉欲や権力欲だけのために、あるいは生計を立てるだけのために政治家をやっているとしか見えない人間もいる。票こそが自身の政治活動の目的のすべてとしか見えない人間もいる。しかし逆に、当たり前だが、真面目に天下国家や地域社会のために働く政治家も数多くいるのだ。世の中では、得てして「だいたい政治家ってのは……」という物言いになるが、政治家全体をひとくくりにして、いいとか悪いとか評することに意味はない。大事なのは、良質な政治家がその任に就く割合がどれだけ増えていくか、あるいは減っていくかだ。国と地域社会の将来を考えると、政治家のレベルを上げていくことが必要だということに誰しも異論はないだろう。

そのためにどうすべきかと言えば、有為な若い人材にもっと政治に目を向けさせることに尽きる。もっと多くの優秀な若者が政治家を志すようになれば、選ばれてその任に就く人たちのレベルも必然的に上がることになる。

ぜひとも、いい街にしたいという情熱と構想力そして実行力を持つ人に政治家になってもらいたい。特に、情熱がなければ何も始まらない。

ただ、選挙でこの情熱というやつを有権者が判定するのは難しい。候補者は誰もが「当選したい」という情熱には溢れているから、ちょっとやそっとでは「政治への情熱」と「当選への情熱」の見分けがつかないのだ。政治家に必要な資質と、選挙で当選するために必要な資質の間には大きなギャップがある。これを有権者が峻別できないのは多分に選挙制度の問題であって、政治家に必要な資質を見極められるような制度に変えていくべきだと痛切に思う。

## マニフェスト選挙の一歩先へ

マニフェストのブームは過ぎ去ったのだろうか。最近の選挙において、あまり前面には出なくなった。言葉としては「マニフェスト」と書いてある選挙パンフレットもあるが、中身は昔の「公約」というものとほとんど変わらないようだ。

マニフェストというのは、後々チェックできるような形で「何をするか」「いつまでにやるか」「数値目標は」「財源はどうするか」などを盛り込んで作成するものというのが一般的な理解であろうと思う。私もこれまで、できる限りそうした形式で選挙公約をまとめ提示してきたつもりだけれど、実際に市長という仕事を続けてくる中で、地方選挙におけるマニフェスト偏重の弊害のようなことも同時に感じてきた。

というのは、確かに、当選後にちゃんと約束した仕事をやっているか節目節目に検証できる材料にはなるとしても、肝心の選挙で有権者が誰に投票するかを判断するにあたって、マニフェストの比較というのはほとんど意味をなさないという現実があるからだ。

国政選挙や東京都知事選挙などのようにマスメディアがこぞって取り上げる選挙なら、あるいは基地問題のある沖縄県での選挙などなら、争点も明確になりやすいし、テレビやネットで映像も流されるから、候補者の考え方などもある程度伝わってくる。しかしこれが一般の地方選挙となると、ほとんどそうしたメディアからの情報がないものだから、新聞や広報ビラなどに記載されている公約やマニフェストなどばかりが判断材料ということになってしまう。

選挙活動は組織立って行うのが普通だから、マニフェストだって候補者がひとりで作り上げたものではない場合も多かろう。それぞれの項目に具体的な政策テーマが記されてはいても、そこに候補者本人の信念がどの程度反映されているのかは全くと言っていいほどわからない。

また、当選後の実際の仕事の中で、選挙の際に提示したマニフェスト関係の仕事がどれだけの比重を占めるかを考えると、私の実感からすればごく一部にしか過ぎないだろうと思う。就任前には想定していなかったような状況が次々に起こるのが現実だから、その現実にどう向き合って的確に物事を判断するのかが大変に重要だ。その局面でその政治家が実際にどういう判断をくだすかは、マニフェストからはわからない。

結局のところ、マニフェストを選挙で重要視しても、候補者が公職についた際の仕事ぶりをそこから推し量ることは不可能に近いということになる。

ではどうあるべきかというと、私は、地方選挙においても候補者の人となりがしっかりと見て取れるよう、公開討論会をすべての選挙において実施すべきだと思う。マニフェストはその補助資料として活用したらいい。

そもそも公職選挙法で選挙期間中の立会演説会（複数の候補者が一堂に会して行う演説会）は禁止されているので、各候補者の生の声で政策や考え方を聞きたいと思えばそれぞれの個人演説会を回って比較するしかないのだが、個人演説会といってもほとんどの場合、支援者ばかりが集まる決起集会と化しているのが実態だ。そんな会場をいくつも回るなんてことは実際問題として難しい。

だから、客観的な立場の団体などが主催をして、告示前に公開討論会を開くのが一番だ。青年会議所でもいいし、メディアでもいい。大学生などに中立な立場で実行委員会を作ってもらったっていい。進行役を大学の先生にお願いするのもいいだろう。

選挙が実施される際に必ず何らかの形で公開討論会が開催されるようになれば、有権者の関心も高まり、投票率向上にも寄与するだろう。そして何よりも、より良い選択が行われる可能性が高まる。

## 「こんな街にしたい」を自分の夢にしないか

延岡市では多くの市民団体がまちづくりに関わっている。

私自身も青年会議所会員として約一三年間にわたってまちづくり活動に取り組んだから、当時の交流なども あって民間団体のことはよくわかっているつもりだ。文化活動、あるいは観光振興のための活動、夏祭などのイベント開催などなど、団体ごとに軸足の置きどころに違いはあるものの、それぞれに実に献身的にまちづくりに関わっていただいている。それぞれの胸には「延岡をこんな街にしたい」という熱い思いがある。

私自身も、そうした思いが深かったがゆえに政治の道へと転身したとも言える。

多様な生き方の可能性がある中でどんな人生が一番いいとは言わないが、私自身はこの市長という仕事ができて本当に良かったと感じているし、多くの有為な若者にこの道をお勧めしたいと思う。

前に書いたようなJCや盛和塾での経験が、自分が政治家を目指すにあたって不可欠なプロセスであったのかと言えば、そうでもないだろう。政治や行政についての専門知識を学んだわけでもなく、ただ、そこに自分にとってのきっかけがあったということに過ぎない。

きっかけの形というのは様々だ。人それぞれに他とは違う人生の道を歩んでいるが、どんな道からでも、政治家への道にはつながっている。そもそも政治というものは、すべての人の営みに深く関わっているからだ。

しかし実際には、若い人たちにとって、政治の世界というのはいかにもうさん臭い世界に見えているに違いない。仮に何かきっかけがあってその世界に目を向けたとしても、現実の道としてそこに入っていくことはなかなかに難しい。

大学の政治学科で学問としての政治を学ぶ人はあるだろうし、また実社会において身近な政治家の活動を手伝うことなどもあるかもしれないが、そうした縁がなければ若者と政治の接点は少ない。ひとたび政治への志を持った若者を磨き上げる場もあまりない。故松下幸之助氏の創設した松下政経塾などは多くの優秀な政治家を輩出したが、寡聞にして、ほかには同様の例を知らない。小池都知事の都民ファーストの会が選挙で多くの候補者を擁立すべく塾生を集めたように、政党主催の塾などは時折見かけるが、「政局を見据えた戦略」としての政治塾では初めから一定の主張に偏った世界観を押し付けるものになりかねない。もっとニュートラルで自由な立場から、若者が政治を深く知ることのできる糸口が増えればいいのにと思う。

いずれにしても、政治というものにもっとポジティブな目を向けて欲しいと願う。もっと多くの若者が、高い志を持ってこの道を目指してもらいたい。

そういう私も偉そうなことを言う資格はないのだが、市長としての一二年間の経験の中で様々な価値観を持った方々と接し、様々な観点から物事を考え続けてきた。それが自分自身の意識にいくばくかの変化を確かにもたらしてくれたと実感している。この仕事は私自身を成長させてくれた。

そもそも、市長の仕事というのは市民全体の幸せのために努力することだ。しかし、もともと人間というのは生存本能やら自己防御本能やらがあって、自分自身を大事にするようにできている。初めからそんな理想やタテマエだけに身を捧げられるものではない。ましてや私は、すでに述べたように早くから政治への志を持っていたわけでもない。

若い頃は日々の生活で精いっぱいだったし、会社経営をしていた頃は自社の業績を上げることが第一だった。稲盛さんの「利他の心を大切にせよ」という経営哲学に共感しながらも、「己」の世界から「他」（あるいは「私たち」）の世界への心底からの一歩を踏み出すことはできなかった。

悟ったようなことを言うつもりはないが、以前の立場のまま一生を終えていたら、「己」の世界しかわからない人生になっていたかもしれない。

市長になって、世の中には様々な人がいてそれぞれの多様な人生を生きているということを体感できたのは確かだし、そうした様々な人々の生活感に沿った多様な視座に身を置くことができた。市長という仕事はこの人々の人生に直接、何らかのプラスをもたらすことができる。そう思えば、これほどやりがいのあることはないと実感できるようになった。

自分の世界観が広がったことは、そのまま自分自身の幸福感に直結している。

市長としての仕事を続けてきて、私は断言できる。市長ほどやりがいのある仕事はほかにない。

君、市長にならないか？

「こんな街にしたい」という志を、君の手で現実のものにしないか？

# 終わりに

市長選挙への立候補の記者会見を経て、様々な方面に挨拶に回った際に、近所のご老人からこう言われたのが印象的でした。

「わしも以前はたくさんの選挙に関わったからひとこと言っておく。いいか。政治は怒りじゃ。怒りは愛じゃ」

それだけ言うと引っ込んでしまわれたのですが、帰りの車中でも気になってその意味を考えていました。

世の中で理不尽な状況に苦しんでいる人がいればそれに怒りを感じることが政治の原点であり、怒りという感情が沸き立つのはそうした人々への愛があってこそだ、ということなのでしょう。その後もずっとこの言葉が心の中にあります。

私は延岡市で生まれ、この街で育ちました。高校を卒業して一〇年近くは外の空気を吸いましたが、その後は故郷に戻り頑張ってきました。ここを離れた一八歳の頃までは、白状しますと、実はあまり故郷延岡を好きではありませんでした。しかし、今はこの街を愛おしく感じています。それと同時に、「怒りと愛」の意味が実感できるようになったのかもしれません。

　自分がたどったこの故郷への感情の起伏と同様のものを、もしかしたら若い人たちの中にはこれからの人生で追体験する人があるかもしれないし、そうした面も含めて、私がこの一二年間において感じたことがみなさんの参考になるかもしれません。過去、故郷について学ぶ機会もなければ深く考える機会もないままに育ってしまった人たちは実に多いと言わざるを得ないと感じます。

　私はこの一二年間にわたって、仕事として、故郷延岡のことをとことん徹底的に考えてきたつもりですし、そのことを断片的にではありますが、ある程度は文章にできたと思います。それが次代を担う若い人たちの参考になれば幸いです。特に、政治や行政という、すべての市民の生活に深く関わりのある仕事について、何かしら糸口と言えるものになっていれば嬉しい限りです。

　最後に、故・中元寺昌俊先生、井上清美先生、岸上照夫先輩という頼りになる歴代後援会長や、政治家になると決めたときからずっと変わらず苦労をともにしてくれた有村誠先輩をはじめＪＣや卸団地の仲間、そして同級生の皆さん、地元南方地区ほかの地域後援会の皆さん。また、多くの友人、支援者の皆さん。これまでの私の市政へのチャレンジを支えてくださって本当にありがとうございました。心から感謝申し上げたいと思います。皆さんの支えがあってこその市長職でした。

それに、杉本隆晴副市長をはじめ延岡市役所の職員の皆さんは、この一二年間にわたっていい仕事をしてくれました。ありがとう。グッジョブ！です。

そしてまた、選挙等で苦労をかけ同志としての絆をも深めることができた妻明子にも、恐縮ながらこの場を借りて感謝したいと思います。

首藤　正治

平成二九年一〇月

[著者略歴]

## 首藤 正治（すどう　まさはる）

1956年宮崎県延岡市生まれ。

京都大学工学部物理工学科卒業後、小西六写真工業株式会社（現コニカミノルタ）勤務を経て帰郷し、父親創業の事務機器販売会社に入社。1993年から12年間社長を務めた。

社業の傍ら、延岡青年会議所理事長や延岡商工会議所常議員、まちづくりNPO法人理事などを経験。1994年、京セラの稲盛和夫氏を塾長とする「盛和塾宮崎」創設に際し塾生として参加した。

2006年延岡市長に初当選し3期12年務める。

エンジン01文化戦略会議メンバー。

君、市長にならないか？
地域経営現場からの地方創生論

二〇一七年十月二十五日　初版印刷
二〇一七年十月三十一日　初版発行

著　者　首藤正治 ©
発行者　川口敦己
発行所　鉱　脈　社
〒八八〇－八五五一
宮崎市田代町二六三番地
電話　〇九八五－二五－一七五八

印刷
製本　有限会社　鉱　脈　社

印刷・製本には万全の注意をしておりますが、万一落丁・乱丁本がありましたら、お買い上げの書店もしくは出版社にてお取り替えいたします。（送料は小社負担）